高级秘书与行政助理（第二辑）

高级秘书与行政助理

第二辑

THE SENIOR SECRETARY
AND ADMINISTRATIVE ASSISTANT

严　华　主编

暨南大學出版社
JINAN UNIVERSITY PRESS

中国·广州

图书在版编目（CIP）数据

高级秘书与行政助理·第二辑/严华主编．—广州：暨南大学出版社，2012.12
ISBN 978-7-5668-0365-8

Ⅰ．①高…　Ⅱ．①严…　Ⅲ．①秘书学—文集　Ⅳ．①C931.46-53

中国版本图书馆 CIP 数据核字（2012）第 241934 号

高级秘书与行政助理（第二辑）
严　华 主编

策划编辑　杜小陆
责任编辑　杜小陆　刘　曦
责任校对　黄　颖
出版发行　暨南大学出版社（广州暨南大学　邮编：510630）
网　　址　http://www.jnupress.com　http://press.jnu.edu.cn
电　　话　总编室（8620）85221601
　　　　　营销部（8620）85225284　85228291　85228292（邮购）
排　　版　弓设计
印　　刷　佛山市禅城区精攻制版彩印厂
开　　本　787mm×1092mm　1/16
印　　张　11.25
字　　数　280 千
版　　次　2012 年 12 月第 1 版
印　　次　2012 年 12 月第 1 次
定　　价　29.80 元

以秘书的视角　识器研制求道①

龙　吟

一

公元2012年，对中国秘书学教育与研究事业来说，是一个具有特殊意义的年份。其一，人们呼吁近30年的“秘书学”，终被列入教育部《普通高校本科专业目录》(以下简称《目录》)；其二，经过三年多的大胆尝试和认真探索，暨南大学创立的“高级秘书与行政助理学”被国家学位办批准为“中国文学”门类下的独立二级学科，不再是“汉语言文字学”下一个试办方向；其三，第一个“高级秘书与行政助理学”博士点在暨南大学正式设立并即将招生。

① 此文为作者在暨南大学“高级秘书与行政助理学”博士点创建研讨会上的发言记录稿，现略加修订，作为本期辑刊序文。

面对突如其来的诸多喜讯，我们却无法一味喜形于色。

平心而论，秘书学毕竟是一门新兴学科，从严格意义上说，自20世纪50年代开始的秘书学研究，多为“工作研究”，80年代中期正式出版的《秘书工作》（李欣著）是其代表；随着高校秘书学专业（方向）的普遍设立，各种各样的《秘书学》教材相继问世，“秘书学”及其相关专业概念才逐渐确立，虽然至今依然争论不休，表述各异，但拓荒者们筚路蓝缕，功不可没。

显然，本科入《目录》和设立博士点，表明从2012年起，秘书学已经和语言学、文字学、逻辑学、文献学、人类学等学科处于同等重要位置。但是，一个学科的真正确立，重在学科自身体系的完备。“秘书”这个词语，来源于社会分工产生的一种职事、一种角色、一种职位、一种官署、一种机构、一种文化标志，天生具备着极强的实操性、技艺性，与哲学或某些学科研究从概念到概念，甚至在纯粹的概念里打转转完全不同。秘书学如果离开秘书工作实践将无从谈起，床上架床、屋中叠屋的象牙塔构建只能留下笑柄；而秘书工作实践如果没有理论归纳，总停留在经验总结和做法集成上，同样与科学研究是南辕北辙。三十年来，秘书学研究中的“地派”、“天派”，门户俨然；机关、学院，扞格难通。但若问秘书的职能是什么，秘书学的基本概念如何表述，秘书学研究的范畴是哪些，几乎无一已成定论。至于学科建设中最深邃、最精密的内核——秘道——秘书之“道”，更是无人问津。

多少次有局外人问我：你从中国秘书最高机构来到高校，不辞辛苦地创辟“高级秘书与行政助理学”，目的在于什么？有什么要紧的东西，让你离开官场塔尖，构建象牙之塔？

也有业内人这样发问：秘书要什么学问？杂家而已，对上唯命是从，对下搞好关系就可以了，最要紧的东西都得靠自己摸索，学是学不来的！

两种疑问，看似漫不经心，却都道出了关键词组：“要紧的东西”、“最要紧的东西”。对目前的中国秘书学来说，“要紧的东西”是什么，“最要紧的东西”又是什么？

二

其实我在上面已经表述得非常明确：“要紧的东西”，就是让秘书学学科体系真正完备起来。这一点要脚踏实地，从基本概念的厘清、基本职能的确立、研究范畴的划定开始。比如关于秘书的职能，就是研究秘书这个

“器”里，究竟包含哪些主要东西。我们前天说秘书的职责在于“参与政务，主管事务”，昨天又说秘书要会“办文、办会、办事”，今天又让秘书们做好“三服务”，“充分发挥参谋助手的作用”，明天还会说些什么？“参与政务，主管事务”，重在“参”与“管”；“办文、办会、办事”，要在“办”；“发挥参谋助手作用”，还是“参”。那么“秘书”之“书”意味着什么？离开扎实的文字功底，秘书和包拯身边的王朝、马汉之类的又有什么区别？所以说，秘书要做好“参谋”，首先要把自己的职能“参”透。2009年秋天，当第一批“高级秘书与行政助理学”硕士生带着巨大的舆论争议走进暨南大学时，我便将秘书的职能归结为“书、办、谋、管”四个字，要求他们认真研究，后来又在《当代国际行政事务视野下的中国秘书学》（上）一文①公开提出这个观点。如果这四个字能够全面概括秘书的职能，那么秘书角色的确认、秘书群体的划分就会容易得多。除了文字记录、文稿撰制和公文处理之外，那些从事信息、调查和信访、会务、事务后勤保障的没有秘书称谓的人员，都可凭借“办、谋、管”的职责而被纳入秘书工作者的群体，对他们的办事规律、为道之艺的研究，也就名正言顺地属于秘书学研究的范畴了。

“书”是秘书的主要职能，那么“秘”又是什么？它属于秘书之“道”，而且是“显道”。凡熟悉秘书职事之“器”的人，都能体验到这种显性的“道”的存在。比这些“显道”更为重要的是“隐道”（隐性之道），这是秘书工作的内部规律，是隐藏于“器”与“制”之间的根本性的东西。一般人说到秘书工作，都会不约而同地想到“潜规则”，其实“潜规则”只是“器”与“制”之间的联结体系，支配所有规则和“潜规则”的是“道”。像秘书与领导之间讲求一致向性的“同”、各种人际关系之间的“和”、具体共事过程中和方法上的“和而不同”，以及在执行过程中注意各方面平衡的“中”、把握机会和机遇的“时”与“度”、体现“书、办、谋、管”结果意识的“效”等，这些既是秘书工作的内部规律，也是做秘书为人处世时必须再三玩味、确实高深莫测的“道”。在这些“道”里，有的侧重“义”，俗称“道义”，这与秘书人员的价值观、政治素质、道德修养有关；有的侧重“艺”，可谓“道艺”，又与秘书的眼界见识、知识素养、操作技巧、业务素质紧密相连。器有其制，制有其艺，艺循其道。秘书学研究只有指向“道”、接近“道”、契合“道”，才算真正接触它的本质。远离这些，“最要紧的东西”

① 严华. 高级秘书与行政助理（第一辑）[M]. 广州：暨南大学出版社，2010.1.

又从何处探寻？

暨南大学的“高级秘书与行政助理学”，不论是硕士点，还是博士点，都以这种“器”、“制”、“道”（道义、道艺）研究指向为“鹄的”（最终靶向）。这种研究绝不是纯理论的、务虚的研究，而是由“识器”到“研制”、归为“问道”，是对“道”、“制”、“器”紧密结合的全面把握和深入探求。

三

许多从事秘书实际工作甚至在秘书工作领导岗位上的朋友，还有一些从事理论研究的专家、教授，也曾多次问询我：你对秘书学界的“地派”颇有微词，对“天派”多有批评，那么你到底属于哪一派呢？

我说，我没有派。自20世纪八九十年代主办《秘书工作》和参与推动“两办”的《中国秘书理论与实践》丛书①编纂开始，我便追求理论与实际有机的结合，力图将学理与实操统一起来。如果非要我说出属于哪个“派”（似乎理论研究没有“派”便不入“流”），那我一直在探求“人派”——即以活生生的秘书个体的视角为着眼点，既不是仅从领导对秘书的需求出发，踮着脚由地望天，向上“够”；也无需生搬硬套其他学科的理论构架，模仿制作，从虚空之中茫茫荡荡，向下“摸”。唯有“脚踏实地”，才可“仰望星空”，造就大写的“人”。

“以人为本”，这句话被说得太多，似乎有些俗套。但秘书学研究离开秘书本体，将无从谈起。从事秘书学研究的人只有将自身置身于秘书群体之中，深识其“器”，深晓其“制”，深究其“道”，所构造的理论才是有源之水、有根之木、有道之艺。以活水浇灌园圃花木，用花木点缀驻足之域，用道艺引领人生价值，难道不是众人所追求的境界吗？

以人为本，识器研制，探求秘道，是为宗旨。

---

① 《中国秘书理论与实践》丛书共九种，徐瑞新、安成信任主编，李欣、严华等人任副主编，1993年起由高等教育出版社陆续出版发行。

目 录

说“书”

张　硕

“秘书”在中文语境里有“物”与“人”两种含义。从“物”的角度来看，“秘书”一词最早出现于汉代，指能够预测吉凶的谶纬图箓等宫禁秘藏之书，如《汉书·刘歆传》中，记载“及歆校秘书，见古文《春秋左氏传》，歆大好之”；从“人”的角度来看，秘书本是古代掌管秘要文书的官员或机构，如三国时曹魏就设立了秘书监和秘书令。现在秘书已成为一种社会化的职业，秘书学也逐渐发展为一门内容丰富、地位相对独立的学科体系。纵观“秘书”发展历程，“书”始终是“秘书”的本意所在和核心内容，“秘书”中的“书”字蕴含着丰富的内容、独有的特征和精彩的艺术。

一、说“书”之内涵

从语法学角度来分析，“书”在秘书学的体系内作为动词和名词时具有不同的含义。

（1）当“书”作为动词出现时，是指具体的行为，一是指记录，二是指写作，这也是秘书的两大基本职能。

记录即对领导言行、思路和决策的记录和整理工作。记录是秘书最原始的职能。在中国历史上，设立史官，记录国家大政和帝王言行，是一种由来已久的制度和传统。古代史官即皇帝身边最早的秘书，《礼记·玉藻》中就有“（天子）动则左史书之，言则右史书之”的记载。南朝刘勰在其名著《文心雕龙》中也说：“左史记言，右史记事，事则《春秋》是也，言则《尚书》是也。”由此可见，春秋时期，“君举必书”，有大史、小史、内史、外史、左史、右史等史官分门别类来记录君王的一切行为和言语。左史负责记录君王的言语政令，右史则负责记录君王的行为举止和功过事迹。发展至今，记录包括速记、誊录、整理、编辑等工作，特别是对领导的讲话录音整理、会议记录和纪要等，依然是秘书的基础工作和基本技能。秉承史官秉笔直书的精神和传统，记录工作的基本要求就是实事求是，内容要准确、全面和完

物与人是一种辩证的关系，许多物是人认知的成果，作为成果的“物”再用来指导人，继而产生新的认知成果。这不是简单的重复，每一次人和物相互作用的过程都有新知出现，人类社会正是在这种不断推进的认知活动中向前发展的。

以“说书”开题，结合秘书工作说书之内涵、特点和艺术，言简意赅，颇有特点。

整，即要将听到的话和发生的事全面完备地记录下来，不允许轻易放过任何一个细节，切不可掺杂个人意志，随意删改，确保原始材料的翔实可信。总而言之，可以归纳，但不可演绎；可以润色，但不可曲解。

谈起记录，自然就会提及当代秘书工作者所必备的基本技能之一——速记。作为一种高效的信息采集手段，速记依托现代智能化、自动化的信息录入设备，使秘书能够在更短的时间内迅速精准地转化信息载体成为可能。掌握速记并非难事，但是做好速记却需要“瞻前顾后”。“瞻前”，首先要设计好一套科学完备、便于识记的速记符号，正所谓“磨刀不误砍柴工”。符号的设计要规范严谨，应综合考虑实际操作环境下各类记录文本的要求，比如会议记录、口授文件记录、谈话记录、接待记录等等，做到放之四海而皆准。符号不统一，随心所欲，草率而设，极易造成信息的误记和流失。其次，每次记录前应预计一下可能出现的高频词汇和语句，核实并牢记相关速记符号以便高速精准地记录。“顾后”，更多的是指记录工作中的保密意识。速记符号的创立不仅要简洁明了，也要注重严谨周密，使其不易被外界破解。在记录后，要妥善保管相关文本载体，做到不泄露、不损失。

写作是指根据领导的思路、指示和要求起草各种文稿。起草文稿是秘书工作最基本的职能和最主要的工作内容。《论语》上记载，“为命，裨谌草创之，世叔讨论之，行人子羽修饰之，东里子产润色之。”这句话的意思是说：“郑国发布命令，由裨谌拟稿，世叔提意见，外交官子羽修改，子产作文辞上的加工。”由此可见，在孔子的时代，郑国对于公

这很容易让我们想到中国传统哲学思想中技、器、道的论说：“技”指的是技术，譬如文字功夫；“器”指的是手段，譬如各种录音工具；而“道”指的则是要宣扬的思想主张。我们很容易就认为，做秘书工作只需要有好的“技”和“器”，“道”是领导的事。其实不然，不懂得“道”，有再好的“技”和“器”也不会成为成功的秘书。

导师点评

文政令的发布高度重视，慎之又慎，不仅组建秘书班子共同起草，而且必须经过草创、讨论、修饰、润色四道程序，严格把关确定。这一套严谨的公文制作程序，一直为后世继承、充实。由于秘书工作的从属性，文稿起草要求秘书应当以满足领导或者决策群体的需要为目的，围绕领导及其中心工作展开。身为秘书，在日常工作中与领导交流时，要保持高度的敏感性，时刻总结领导者的思维方式与行事风格，在进行办文过程中克服以个人意志为导向的弊病，要换位思考，做到恰如其分地表达出领导者的意图和思路，并且要时常翻阅过去的相关文件，以保证政策和风格的一脉相承。

【案例1】

1956年9月15日，中国共产党第八次全国代表大会在北京隆重召开。在暴风雨般的掌声中，毛泽东矫健地登上主席台，开始抑扬顿挫地致辞："同志们：中国共产党第八次全国代表大会，现在开幕了！……"开幕词很短，不过两千多字。根据当时的记录，毛泽东致开幕词时，曾被三十四次热烈的掌声打断。其中有五次是"长时间的热烈鼓掌"，足见开幕词在代表心中引起了极其强烈的反响。开幕词中的"华彩段落"，被人们作为"毛泽东格言"，反复引用："国无论大小，都各有长处和短处，即使我们的工作得到了极其伟大的成绩，也没有任何骄傲自大的理由。虚心使人进步，骄傲使人落后，我们应当永远记住这个真理。"谁都以为，这篇充满"毛泽东风格"的开幕词，当然出自毛泽东手笔。可是，当代表们赞许这篇开幕词时，毛泽东却坦诚地说道："这不是我写的，是一个少壮派，叫田家英，是我的秘书。"

仅仅用了一个通宵的时间，田家英便将这篇开幕词一气呵成，只有个别处经过中央政治局讨论后做了些许修改，就得到了毛泽东的赞许——"开幕词落实了，我放心了！"田家英的成功可以归功于两点：①当年田家英初做毛泽东的秘书时，他向毛泽东身边的资深秘书胡乔木和萧三谦虚地请教，其中最重要的一条就是学好毛泽东著作，领会毛泽东思想。如果秘书在面对交办的写作任务时再去费尽心思揣摩领导意图，常常会感到鞭长莫及、手足无措。唯有提前调整写作心态，重视分析研究既得的文字材料，在思想上和领导站在同一高度，思路才会豁然开朗，也就容易产生与领导不谋而合的效果。②要学会投石问路。田家英和毛泽东的诗交较深，他会适时写一些诗作请毛泽东批改、指点，而就在互换诗作、切磋学习之际，田家英细心地品味出了毛泽东的文笔风格和思维方式，进而探寻到领导的思想脉络。

写作要注意公文文类、语体风格的选择，保证行文精准得当、规范严谨，符合领导身份，契合具体环境要求。1958年，被毛泽东誉为“党内第一支笔”的胡乔木同志在写文件方法座谈上谈到，写好文件要注意“准确性、鲜明性、生动性”的问题。[①]简言之，“准确性”是指我们在进行公文写作时要注意把握“概念明确，判断恰当，富于逻辑，讲究辞章”；“鲜明性”是指无论是文章形式上还是主题上都要“纲举目张”，突出有力；而“生动性”则提倡文章中应有一定的“情绪”，而非死气沉沉、毫无感情。

【案例2】[②]

我们先来看一个古人的职位履历：任昉，南朝著名秘书。16岁，被南朝宋丹阳尹刘秉辟为主簿（相当于今县政府办公室主任）；18岁，被任命为太子掌兵校尉掌管东宫书记，后任中书侍郎、司徒右长史等职。33岁，梁武帝萧衍任命他为骠骑记室参军，主持文翰书记。永元三年（公元501年），萧衍进军建康，任昉为记室。在梁先后任黄门侍郎、吏部郎、御史中丞、秘书监等职。

以上所有职务，都是不同岗位不同级别的秘书官职。纵观任昉的仕途生涯，可谓是平步青云，如有神助。任昉之所以能够长期担任重要的秘书官，与他杰出的写作才能是分不开的。在古代有这样一个常用的成语——“沈诗任笔”，成语中“任”就是指任昉，“笔”指应用性文体，以公文为代表。大概意思是说，论诗歌等文学作品的创作，沈约成就第一；论公文等应用性文体的写作，则数任昉水平最高。任昉十六岁时就出任主簿，是因为“尤长载笔”；以后不断被提拔重用，也是因为他“文笔超群”。任昉的文章“起草即成，不加点窜”，是“准确性”的典范；文辞情真意切、透障凌厉，有“遒文丽藻”之誉，又可看作是“鲜明性”的体现。也正是由于任昉公文写得规范而有文采，当时的王公表奏没有不请他写的，皇帝的许多诏敕也是出自任昉之手，连萧衍

① 参考胡乔木. 胡乔木同志谈怎样写好文件［J］. 秘书工作，2005（7）：19～23.

② 参考杨树森. 文笔之分的见证人——任昉［J］. 秘书工作，2007（7）：54～55.

公文是机关进行工作的一种重要工具，用语准确是公文最显著的特点，也是保证公文的政治性、政策性和严肃性的重要手段。

代齐建梁时的禅让文告都是出自任昉之笔。任昉作为优秀秘书的楷模，切实做到了公文写作的“准确性、鲜明性、生动性”，值得我们当代秘书学习、效仿。

⑵ 当“书”作为名词义出现时，是指具体记录和写作行为所形成的文本载体，即文件。《周易·系辞》上说，“上古结绳而治，后世圣人易之以书契”。书契就是公文文本，就是政策文件，是保障机关运作、实施国事治理的重要载体和工具。正是在这个意义上，曹丕《典论·论文》论断“文章乃经国之大业，不朽之盛事也”。对秘书而言，一方面，要熟练掌握各种文本格式，包括《中国共产党公文处理条例》和《国家行政机关公文处理办法》所规定的18种法定公文，也包括领导讲话稿、总结、计划、方案、制度、致辞、会议主持词、贺信、书序等各种非定公文；另一方面，要掌握各种文本形式，还要善于利用信息技术发展给原有的信息传递和储存方式带来的文本革命，充分利用短信平台、MSN、QQ等多种方式迅速传递各种非正式文体，实现提高办公效率和绿色环保节能的双赢。最近，通过微博发布政令通知及加强与民众的互动交流成为一种热点现象，秘书工作者应引起注意。

随着网络日益普及，互联网在民众的政治、经济和社会生活中扮演着重要角色。网络是展示政府形象的良好平台。借助网络，政府一方面可通过网上办事更加便民；另一方面，也可充分利用自己的平台发布信息。

⑶ 当“书”当做名词义时，也指书法。书法是中国特有的一种传统文化及艺术。随着办公自动化的普及和书写工具的变更，大多数秘书工作者忽视了汉字书写的艺术性，对传统书法艺术越来越陌生。在现今秘书工作中，起草文稿、呈阅文件、会议记录、整理文档等都需大量文字书写。作为秘书，最起码的要求是把字写得规范、整洁、清楚。如果把字写得杂乱无章，随心所欲，无法辨认，甚至令人生厌，势必会降低秘书工作者的服务水平，有损领导乃至整个集体的形象；如果秘书写得一手“恰到好处，别有用处”的好字，这对秘书工作来讲无疑是锦上添花。

【案例3】

曾担任中共山东省委第一书记、军事科学院副院长的舒同，被毛泽东主席赞扬为“红军书法家”、“马背书法家”、

“党内一支笔”。著名政治活动家何香凝也说过：“国共有两支笔，国民党有于右任，共产党有舒同。我更喜欢舒同。”舒同的书法飘洒圆秀，弯弓盘马，师古而不泥古，尊法而求新变，形成了“舒体”，也称“七分半书”，即楷、行、草、隶、篆各取一分，颜、柳各取一分。有书法家评价其字体风韵是“沉雄峭拔，恣肆中见逸气，忽似壮士如牛，筋骨涌现”。如今，舒体已被输入电脑被广泛使用，显出其独特的魅力。

1936年，红军到达陕北边区政府管辖的旬邑县时，为团结抗战，中共拟请当地一位前清翰林出任边区参议员。那位老夫子说：“我和没文化的人谈不来。”因而拒绝参加。毛泽东知道后，就让舒同以中央名义给他写一封信，宣传我党抗日统一战线的主张。这位前清遗老读了信后连声称服：“字美文雅，想不到共产党内也有人才啊!”随即出山参政。一手好字，会出人意料地发挥出意想不到的绝佳效果。

作为汉族独创的表现艺术，汉字书法被誉为“无言的诗，无行的舞，无图的画，无声的乐”。它与中国古典文学、哲学、美学、史学互有交集，其审美意趣和诗词、绘画、音律、歌舞一脉相承。《兰亭序》可见王右军之飘逸，《祭侄文稿》可睹颜鲁公之悲愤，自古至今的书法珍品，凭借着千姿百态的线条构建，共同聚集着对中国文化的陈述，对民族精神的彰显。因此，秘书工作者学习书法，不仅能提高书写技能，也能参透中国文化中富有生机的精华，即使是从某个汉字的书写中，也可以体味到民族文化的内涵，从而以“书”养“文”，提高自身文化素养。

作为现代秘书工作者，在繁忙公务之余，远离喧嚣，运笔临帖，凝神静气，心无旁骛，力送毫端，对身心皆有益。书法的修炼之道也与秘书工作要领不谋而合：要做好二者都必须勤奋踏实、坚持不懈，杜绝心血来潮、半途而废；必须体验生活、开阔视野，杜绝狂妄自大、恃才傲物；必须鉴往创新、学思并重，杜绝墨守成规、不求甚解；必须博古通今、学贯中西，杜绝鼠目寸光、孤陋寡闻，最后达到以“书”养“人”，提高秘书工作者的品格修养。

二、探“书”之特性

“书”作为“秘书”的基本职能，无论是过去、现在，还是将来，它在秘书工作里的地位都是无可替代的。相对于“管”、“谋”、“办”等秘书其他职能，“书”具有独有的特

阐述书法的历史作用和现实作用，并提出了书法的修炼之道，对于提高秘书的综合素质和弘扬中国的传统文化有一定的现实意义。

征，主要体现在以下三个方面：

一是严肃性。这种严肃性集中体现在“书”的性质、形式和效用层面。从性质上来看，秘书工作的从属性和补偿性在“书”上面表现得更加强烈和突出。无论是“书”的记录还是“书”的写作，都不是自主思考、独立创作，而是授命行为、规定动作，具有明确的规定性、较强的执行性和行政约束性，必须在现有的政策和领导的指示下、在要求的范围内进行。从形式上来看，“书”的形式都是法定的，国家对法定公文具有明确的规则、标准和格式要求，即便是领导讲话稿等非法定公文，也必须符合领导的个人意图和风格。从效用上来讲，无论是命令、决定、意见、通知、会议纪要，还是领导讲话稿、工作计划、工作方案，这些文件都具有鲜明的政策性、权威性，需要严格遵守执行。

秘书工作者可以通过学习鉴赏较高级别发文机关的公文以提升写作的严肃性。现以一篇行文端庄规范的批复为例。

【案例4】

国务院关于同意将江苏省宜兴市
列为国家历史文化名城的批复

国函〔2011〕9号

江苏省人民政府：

你省《关于申报宜兴市为国家历史文化名城的请示》（苏政发〔2009〕72号）收悉。现批复如下：

一、同意将江苏省宜兴市列为国家历史文化名城。宜兴市历史悠久，文化底蕴丰厚，历史遗存丰富，陶瓷文化特色突出。

二、你省及宜兴市人民政府要根据本批复精神，按照《历史文化名城名镇名村保护条例》的要求，正确处理城市建设与历史文化遗产保护的关系，明确保护的原则和重点，编制好历史文化名城保护规划，并纳入城市总体规划，划定历史文化街区、文物保护单位、历史建筑的保护范围及建设控制地带，制定严格的保护措施。在历史文化名城保护规划的指导下，编制好重要保护地段的详细规划。在规划和建设中，要注重体现陶瓷文化特色和地方传统风貌，不得进行任何与历史文化名城环境和风貌不相协调的建设活动。

三、你省和住房城乡建设部、国家文物局要加强对宜兴市国家历史文化名城规划、保护工作的指导、监督和检查。

国务院

二〇一一年一月二十四日

这是一篇典型的批准性批复。正文开头用一句话说明了请示的标题和发文字号以及首文情况。正文以下级的请示内容，即《关于申报宜兴市为国家历史文化名城的请示》（苏政发〔2009〕72号）为前提，针对请示事项表明了是否同意或者是否可行的处理意见，并将具体的批复情况以分条列项的方式来表述。内容明确简洁，便于下级机关贯彻执行，具有权威性和执行性。态度鲜明肯定，并要求各方面共同努力。

二是固化性。俗话说，“口说无凭，立书为信”。“书”作为文本载体，看得见、摸得着、查得到、用得上就是其固有特征。固化性就是规范性的物质形态和依托，没有固化性，规范性也就失去了基础和效用。正因为如此，“秘书”本来就是指掌管图书的人，文书档案管理一直都是秘书工作的重要组成部分。随着科学技术的发展，“书”的传递途径和载体形式发生了变化，从甲骨、铜器、竹简、帛书、纸张发展到电子文档，对文本传递（譬如电子政务公开）、档案管理（譬如建立数据库）等工作提出了更高的要求。

天有不测风云，世事变幻莫测。任何一个企事业单位或者组织机构都难免会遇到突发的法律纷争，说不准的无头官司会劈头盖脸地飞来。我国现行的司法理念是“谁主张，谁举证”，所以原被告双方在案件审理过程中，谁能完成举证责任是至关重要的一环。想要避免更多的麻烦和损失，想要胜券在握、占据优势，就需要秘书在日常千头万绪的工作中做好谨慎细致的文字记录，借助“书”的固化性保留最原汁原味的证据。有了原始的凭证，就可以在很大程度上避免“你没听清楚”的纠纷。

俗话说，“铁打的营盘流水的兵”。秘书机构也会定期进行人事调整。由于时间紧迫、工作冗杂、理解有限等原因，就会出现因为新老秘书工作交接不顺利，导致整个工作运作系统陷入困窘的状况。如果平时将一些日常工作的方法和步骤落实到书面，固定下来形成较为完整的业务流程和规整制度，不仅能使工作标准化，还可以节约时间，提高效率。

俗话也说，“好记性不如烂笔头”。秘书的工作内容繁复，而且多临时突发性事件，经常会一心多用，很容易出现顾此失彼、丢三落四的现象。如果秘书工作者养成了“书”的习惯，在纸上记录就比较容易直观地分辨出事情的轻重缓急，即可做到忙而不乱、有条不紊，使得工作程序化。

三是柔和性。“书”具有规范性和固化性，所以它的形成是经过慎重考虑、长久酝酿和层层把关的。古人云：“事缓则圆，急难成效。”“书”的这种特性往往能够收到奇效。

我们常说厚积薄发，秘书工作也是同样的道理，没有“积”，何谈“发”？“厚”是前提，“发”是有艺术的。我们倡导学习型干部，建设学习型政府，本意都是好的，关键是怎样去落实。秘书是领导的影子，是领导的参谋，没有深厚的学养、宽广的知识，又怎么能承担如此重任呢？

导师点评

【案例5】

某建筑公司的老总听闻某省工程正在寻找合适的承包商，要求苛刻却也报酬不菲，几经周折终于成功中标。当工程临近尾声的时候，对方临时修改了诸多环节设计并缩短了工期，使得该建筑公司面临着极其困窘的境地。老总怒火中烧，一气之下要求终止合约，并要求秘书立即致电对方。为了顾全大局，同时给老总以冷静缓和的时间，秘书决定拟一份电报呈批再发，以避免造成不可挽回的损失。就在起草的过程中，老总情绪平和、回归冷静，随之收回成命。“书”的慎重规范，不仅留下缓冲余地，而且经过反复思索，得出的处理方案更加客观、深刻、到位。

此外，“书”是人们进行心灵沟通、思想交流、情感联系的重要媒介之一。领导陷于某种错误或者不方便面对面交流时，秘书留下的便条或者信函，既能避免面对面直抒胸臆造成的难堪，又可以拉近与领导心灵沟通的距离，为对方在冷静宽松的条件下进行反思、决策营造良好的环境，往往可以在紧要关头化解危机，收到独到微妙的效果。

三、用“书”之艺术

“书”具有特定的内涵、特殊的作用，人称“刀笔吏”的一流秘书，是用“书”的个中高手，往往拥有博大精深的学识、精妙独到的思想和犀利无比的文风。冰冻三尺，非一日之寒。这种炉火纯青的用“书”艺术，自然来自于勤学苦练、慎思笃行，用“书”的艺术至少体现在以下三方面：

一是博览群书，筑牢学识基础。秘书又名“刀笔吏”，其对于事情分析理解的过人之处表现为他犀利的文笔之功。炉火纯青的功夫需要平时多加柴、多看火，临时抱佛脚是行不通的。从事具体行业工作的秘书，需要两方面的知识储备。一方面是专业知识，无论是企业秘书还是党政秘书，对于其所在的行业有着扎实的专业知识背景和积累，对于行业发展的历程、现状和趋势都有着清晰的认识，对于行业的整体概况和关键领域有过认真的钻研，这样整理和起草文稿才会得心应手、游刃有余。另一方面是通用知识，正如英国哲学家培根所说："读史使人明智，读诗使人灵秀，演算使人精密，哲理使人深刻，伦理使人庄重，逻辑修辞使人善辩。凡有所学，皆成性格。看不同的书能给人带来不同的东西，多方涉猎，才能让人博学多闻。" 通用知识储备因人而异，但必要的通用知识是必需的。就党政工作秘书而言，要成为优秀的秘书，就必须要学习经济学、政治学、社会学、历史学、哲学、文学，起码得有以上五个领域的经典著作来垫底。秘书工作者要把握细节，从点滴做起，日积月累，集腋成裘。

二是知行合一，注重实践出真知。歌德说过，"理论是灰色的，生命之树长青"。秘书工作者不是专家、学者，不是着眼于理论知识的精深研究，而是立足于解决实践问题，专注于将知识应用于实践，同时从实践中提升自身知识能力。老一辈革命家陈云有句座右铭："不唯上，不唯书，只唯实。"俗话说，"实践出真知"，这种真知不是知识，而是见识。见识即分析和解决问题的能力，有知识不等于有见识。这种见识可以从书本中得到启发，但最终得通过实践来把握。知识储备能够帮助秘书工作者更好、更快地在实践当中找到见识，但如果只从书本出发去寻找见识，那就是缘木求鱼、水中捞月。我国秘书学体系的构建尚处在起步阶段，作为一名秘书工作者，除了做好自己的本职工作、随时记录自己在实际工作中的心得体会和经验教训、增长见识以外，我们同样有责任为本学科理论的丰富与发展作出贡献。

三是尽信书不如无书，要有"悟"的本领。秘书工作者要读得有字之书，也要读得无字之书。这种"悟"，有三种方式：一是举一反三。《论语》有云："不愤不启，不悱不发，举一隅不以三隅反，则不复也。"一张桌子四个角，看见了一个角，通过联想、

市场经济新体制的建立，改革开放的深入，必然要求秘书扩大自身的知识面。秘书知识面的拓宽，有利于发挥其参谋作用，为领导决策的科学化提供服务。

导师点评

类比等方法得出其他三个角的样子，这就是“悟”。譬如秘书要跟踪领会领导的意图和思路，随时留意记录领导的活动、想法和话语。领导随时随地说出一句不太成熟的想法，有可能就是其最关注、最感兴趣的问题，有可能成为一个闪光点。紧跟领导左右的秘书工作者要注意及时记录，善于归纳总结和思索引申。二是见微知著。古人云：“见一叶落而知岁之将暮。”从个别的事物总结出一些根本性的问题，从细微的迹象推测出整个形势的发展，这是“悟”的另一方面。三是鉴古知今。追本溯源，与古为新，通过分析事物的历史过程推断出其未来的发展趋势，寻找来龙去脉和发展规律，以更好地指导解决现实问题。

综上所述，秘书中的“书”可谓一字千钧，分量很重。“书”、“谋”、“管”、“办”是新时代秘书工作的四大基本职能，其中，“书”是“谋”的指向、“管”的工具、“办”的载体，并作为一种媒介始终贯穿于“谋”、“管”、“办”的过程当中。要做好秘书工作，首先就得念好“书”字诀，把握“书”的内涵，探究“书”的特性，用好“书”的艺术。

谈“办”

谢　育

秘书是用以弥补管理者精力、智能和时间等方面的不足而设立的综合辅助性办公人员。①从管理者角度来看，秘书处于“被交办”的辅弼性地位，秘书工作的“办”也主要体现为被动授意行为，但在具体操作过程中，在某种程度上也反映出秘书主动性的处置与安排。能否办妥、办利索，成为领导衡量秘书工作人员工作能力高低的重要尺度之一。本文拟以“办”为研究对象，对秘书工作的职责范畴进行系统梳理，结合自身从秘实践，运用理论联系实际的研究方法，探索提升秘书工作效率的有效途径。

开篇点题，开门见山，好文风。落笔即交代秘书协“办”行为被动与主动的辩证统一，对现代秘书工作性质作了准确的定位。

一、“办”的历史溯源：从远古到当下

我国秘书工作的起源可追溯到上古时代。原始社会后期部落联盟形成之后，随着部落间沟通联络的日益密切，部落首领有了辅助事务的客观需求，诸如协助部落首领结绳记事、战事会晤、占卜问卦等，执行具体事务的人员便是古代秘书的雏形。而当时秘书工作是以“办”为主导的，它的产生先于文字的出现。当然，学界也存在秘书工作始于黄帝时代和奴隶社会两种说法。前者认为，黄帝时仓颉、沮诵等史官的出现，是秘书工作产生的标志。后者坚持，文字、阶

从历史渊源上交代了秘书职能的由来，大胆地将秘书这一职业历史地划分为“雏形”（文字产生前）、“成熟”（文字产生后）、“发展”（现代文秘）三个有机联系的阶段，同时对秘书素质提出了新的要求，由此生发出现代秘书学人才的定位，点明现代秘书学的时代内涵和特色。

天道酬勤

① 概念选自杨永坤．对创新视阈下做好科研单位秘书工作的思考[J]．秘书之友，2012（1）．

级与国家的出现是秘书工作产生的先决条件，正是有了文字作为表意工具的产生，为记录统治者发号施令、指挥国事的公务文书出现后，秘书工作才被催生①，即秘书是伴随着“书”的职能形成而形成的，故秘书职业产生于夏朝，具有鲜明的阶级性。但是，当今世界上仍存在没有文字的民族，而类似的“秘书”行为仍客观存在，这充分说明将文字视为秘书这一职业的发端不足为据。笔者认为，秘书工作的产生在文字出现以前，是随着原始社会后期辅助、协助统治者需求的萌发而出现的，这一阶段为秘书工作的“孕育期”；而文字的产生及使用，扩大了秘书职业的空间，使得职业的发展出现了历史性跨越，这一阶段为秘书工作的“成熟期”；现代文秘工作进一步规范化、模式化，这一阶段为秘书工作的“发展期”。可见，秘书工作中“办”的历史源远流长，并不断发展与完善。

历经数千年的世事变迁，“秘书工作”从史官的设立伊始，逐步发展成完善的秘书机构与秘书制度。到了现代，秘书职业已然成为机关团体、企事业单位和社会团体不可或缺的岗位编制。秘书工作者形成一个庞大的协作组织和辅助管理、参谋助手的行政群体，在各行各业中发挥着重要作用。在日常工作中，各个项目的顺利推进，各个环节的巧妙衔接，各部门间的沟通配合，既需要管理者的正确指引，也离不开秘书工作人员在上级授意之下强有力的执行与反馈。因此，现代秘书工作的“办”，被赋予了更系统、科学和丰富的时代内容。

秘书所办实务繁杂异常，以“办文、办会、办事”高度概括，化繁为简，将“打杂”工作条理化。

二、“办”的对象：办文、办会、办事

办者，致力也。“办”即处理、处置，有筹办、操办、经办、代办等释义。“办”虽俗称“打杂”，但也是有规律可循的：一是“办”具有操作性，需要遵循一定原则、流程及方法；二是“办”的实施对象涵盖面广，具有繁杂、琐碎的特征。具体说来，“办”主要涵盖了办文、办会、办事三个层面的内容。

（一）办文实务

这里的“办文”是相对于“撰文”而言的，是指除去撰写公文之外的其他事务性操作过程，是实现公文流转的重要

① 杨剑宇. 中国秘书史［M］. 上海：上海人民出版社，2007.10 ~11.

途径。具体而言，“办文”指的是单位组织在公文处理及管理过程中进行的一系列相互关联、衔接有序的工作。可以说，公文的严肃性、法律性、效力性只有通过办文之后，才能付诸现实。办文包括两个环节：一为公文办理，二为公文管理。依据《党政机关公文处理工作条例》规定：“公文处理工作应当坚持实事求是、准确规范、精简高效、安全保密的原则。”

公文办理包括发文和收文两个过程。发文是撰写公文完成的后续操作环节，它由四个步骤组成：第一，复核，即对已经发文机关负责人签批的公文，印发前应当对公文的审批手续、内容、文种、格式等进行复核；需要作实质性修改的，应当报原签批人复审；第二，登记，即确定好文字号、分送范围、印制份数并详细记载；第三，印制，公文印制必须确保质量和时效，涉密公文应当在符合保密要求的场所印制；第四，核发，公文印制完毕，应当对公文的文字、格式和印刷质量进行检查后分发。

与发文对应的即为收文。在收文办理中，批办、承办为关键程序，实施发文意图、达到发文目的为宗旨。收文通常包括签收、登记、初审、承办、传阅、催办、答复等事项。

公文的管理和立卷归档统称公文资料的保管料理，包括定期或不定期对处理完毕的公文按照密级及传达范围进行相应的立卷归档、复制汇编、撤销废止及再利用等环节。

在办文过程中，无论是发文、收文、阅文，还是文件的归档及销毁，都要遵循保密原则，严格按照文件的秘密等级和重要程度确定阅文对象的范围，注重公文流转的场合和传递的程序，对于过期或拟稿的文件要使用碎纸机进行及时销毁清理，以确保公文的严肃性、法定性。

（二）办会实务

会者，聚合、会合也；议者，商议、议事也。会议就是聚众议事[①]。承办会务，是指秘书人员为召开会议或举办集会而提供的服务工作。所办之“会”，即会议、会晤、会谈，其间既有正式性的，也有非正式性的。办会通常有两种目的：一是日常交流信息、研究问题，这是作出决定、部署和讨论检查工作的必备手段，以“议”为特征；二是众多人集结在一起，为了显示某种精神和力量，或为了某一共同目标

① 吴雨平，李正春. 秘书学与秘书实务［M］. 广州：暨南大学出版社，2008.208.

（一）、（二）、（三）分类得体、概括周全。文章所阐释的很多“办”的内容具有鲜明的时代特色，也是现代秘书学的丰富与发展。相信这些发展是秘书学几十年甚至几个世纪积累的结果。

导师点评

而进行的有组织的活动，典型特征是“会而不议”，如庆祝会、展销会、宴会等。

对于秘书人员来说，承办会务包括会前、会间、会后三个环节的跟踪处理。会前筹备尤为重要，主要任务有：制订会议计划和成本预算、拟定会议名称及议题、拟出议程、提名与会人员及编组、准备会议文件、办理会议报批手续、布置会场、排列座次、制作证件、发送会议通知、安排食宿及交通后勤服务等。

会间跟踪是保障会议顺利进行的关键性环节。会议一旦开始，秘书人员应按照会议程序要求，承担一系列的组织及服务工作，直至会议圆满结束。主要工作包括登记报到与签到情况、发放资料、服务选举工作、会场服务（如与会者入席、退席、茶水供应、会间休息及与会者其他临时需要）、会场临时调度、会议信息收集汇总（如会议记录、录音、摄像等）、撰写会议记录等。

会后工作是会议的延续，是落实会议精神、督促执行、使会议决策付诸实际的重要步骤。秘书人员的会后工作包括：一是会后事务，如会场清理、人员离会服务、会议决算；二是会议文书立卷，如会议通知、与会人员名单、通讯录、选票及统计材料、会议提纲、会议总结等；三是会议精神传达，如会议简报、纪要、通讯稿等；四是会议催办，如发文催办、电话催办、派员催办；五是各种反应和信息的收集及反馈。

会务工作既包含事务性的服务安排，也离不开文书处理等关键手段。概括来讲，秘书工作者在办会过程中应做到思想集中、细致认真、服务周到、灵活应变等，对于直接影响会议质量的关键步骤，如提醒领导开会时间、约会变更、会议取消时代领导致歉、热情周到的接待、处理会间出现的突发事件（如领导缺席、断电、设备损坏等），要积极做好应急预案和训练，重要会议可提前召开动员会、预备会，以保障会议的圆满举行和预期效果的实现。

需要提醒的是，一般在单位里领导层级的决策会议，具有级别高、规模小、所商议事务较为机密等特征。为维护领导层决策的权威，应注意会场环境的私密性，防止未经审批的会议言论被散布或谣传。

本文按会议性质的差异对秘书工作常见会议类型进行归整：

常见的会议类型简表①

会议性质	常见类型	特征	注意事项
法定型	党代会、人民代表大会、政治协商会议、妇女代表大会、职工代表大会、股东代表大会	规模大、人数多、会期长；庄严隆重、法定程序严密；与会者资格要求严格；讨论原则性的重大问题；定期举行	(1) 注重收集、整理议案和提案，呈交大会议案审查委员会审议、通过后方可列为正式议题 (2) 会场布置庄严、隆重，不可忽视细节，必要时采取保密措施 (3) 需选举或表决的，提前做好器材准备及测试 (4) 跨地区代表要安排好食宿交通等后勤保障
决策型	常务会、党组会、全体会议、常务会议、部(厅、局)务会	规格高、影响大、规模小；人员固定、定期召开、就地举行	(1) 会议庄重、严肃，做好一切会议程序的组织和跟踪工作 (2) 重点做好氛围营造和宣传工作
工作型	全国纪检案件审理工作会议、动员会、现场会、总结会、部署会、专题会	以讨论、决定和布置工作为主要内容，有下行性特征；会议地点、人员相对稳定；议题具体、集中	会议性质务实，就事论事，注重会前的调研和数据资料的收集分析
学术型	研讨会、论证会、务虚会、命名会	学术性强，会员以专家学者为主；具有开放性、横向性	(1) 会议要求准备充分，至少提前三个月发送预备性通知，提供背景资料，让学者们准备、提交论文或提纲，经审查后再发正式通知

“办会”一节的亮点，就在此表。“简表”不简，高度概括了各类会议的特征，并对应各类会议的特征归纳出办会规律，实用性强，亦一目了然。

① 陈合宜. 秘书学 [M]. 广州：暨南大学出版社，2007.10 ~ 11，144 ~ 145.

需由秘书所办之事，亦繁芜庞杂。作者先从分类中理出头绪，再各列出工作要义，如此有纲举目张之功。

（续上表）

会议性质	常见类型	特征	注意事项
			（2）会场布置应简单、朴素、实用，简化礼节性程序，留足时间组织实质性讨论 （3）参加筹备、服务的秘书人员要具备一定专业知识
会商型	联席会、会商会、座谈会、峰会、论坛、签约仪式	会议的代表不相隶属，关系复杂，矛盾较多，涉及各方面和与会者不同利益	（1）秘书在会前、会间、会后要多做沟通和协调，做好服务工作 （2）会议时间、地点、议题等应与参会各方平等协商确定，体现互礼互让原则
信息型	新闻发布会、记者招待会、报告会、咨询会	通报性强，以新闻媒介为对象，没有约束力	（1）会议场所应注重交通便利性，方便记者参加，也容易引起各界关注 （2）会议通知应以请柬形式告知，以示尊重，重要人士应提前预约 （3）应由专业秘书事先做些调查访问，了解记者的关注点，以便帮助发言人做好充分准备
“会而不议”型	庆祝会、欢迎会、通报会、纪念会、表彰会、展示会、声讨会	聚而不议，一般发挥宣传教育作用，显示某种精神或同一目标	（1）会场布置礼节性装饰多 （2）主持具有单向性，会议程序是否合理，安排是否出彩尤为重要

会务工作，事无巨细。会议的召开是领导决策与贯彻宣导的直接途径之一，也是秘书工作的重中之重。会务准备时，除了按图索骥部署好各个环节之外，还要留心不同领导的工作风格，注意细节的量身定做，做到因人制“会”。例如，某领导习惯提前到会，秘书人员要提醒参会人员提前签到；某领导身材较娇小，那么在布置主席台时要调整好站位，如摆放横向生长的鲜花，提前调整好摄像头，保证会议摄影效果，等等。

（三）办事实务

按工作性质的不同划分，办事实务可分为领导交办事务和常规性行政事务两类。其中，前者多属临时性、突发性事务，重在分清轻重缓急，充分考验秘书人员对环境的熟悉程度、应变能力和沟通协调能力；而后者多为常规性、长期性工作，存在既定的管理模式和流程，重在有条不紊地监督和执行。

1. 领导交办事务

秘书人员的角色定位是单位组织和领导的参谋和助手。完成领导交办事务也是秘书人员日常工作的一个重要组成部分。主要有以下几大类别：

一是日程安排。富有经验并熟悉业务的秘书往往由领导授意安排其工作日程、订约事宜和差旅事宜。合理的日程安排能为领导节省大量精力和时间，提高工作效率。安排日程有几个原则性的要求：服从于组织的总目标和整体计划，区分轻重缓急，随时补充、调整；做好提醒和督促；酌留弹性、劳逸结合。

二是随从工作。跟随领导到异地视察、调研、开会和参观等服务性工作，包括外出前的准备、外出期间的安排和外出结束后的总结。做好随从工作，可以保障领导外出工作的顺利进行，减轻领导异地生活的负担。随从工作一般要熟悉领导的个人习惯和喜好，即要提前做好常规性的安排；也要有突发预案，并按具体情况的发展适时调整计划，协调关系。它与日程安排有相似之处，同时要注意做好领导行程的保密工作。

三是接待工作。对与组织相关的各类宾客的迎送、招待和服务，包括外宾和内宾的接待。在机关团体、事业单位里，接待工作对于加强各单位沟通交流、密切各方面关系发挥着重要作用；在企业里，接待工作对于吸引外资、扩大合作、提升企业影响力有着重要意义。秘书人员在接待过程中要遵守的基本原则是：诚恳热情、讲究礼仪、周到细致、节省节约、按章办事、保守秘密、对口接待和分工负责。

四是调查研究。根据领导的工作需要，与基层建立定点联系，进行考察、沟通和协调，获取原始资料和信息，去芜存菁、披沙拣金，帮助解决基层实际问题，及时反馈问题及意见，为决策者当好“千里眼”、“顺风耳”。调查研究的类型包括情况调研、专题性调研、经验性调研、突发事件或事故调研，调查方法有普遍调查、典型调查、个案调查、抽样调查等。

此外，日常行政事务的部署落实、执行反馈、业务沟通往来、突发事件处置，以及其他临时交办事务，如代表领导参加会议、接见客人、到员工家里慰问、去医院探视病人等等，都是重要的临时性工作内容。办好了，可减轻领导负担，使他们能够集中主要精力考虑方针大政。

2. 常规性行政事务

常规性行政事务即例行工作，是行政工作的基础组成部分，这在市场上各类秘书指导实务中已有详尽描述。本文仅就秘书工作主要常规行政事务进行总结：

一是信息处理。即信息资料的搜集、分类、汇总、分析、处理、流通和保存。从发生的过程来看，是按照确定的渠道和程序，将分散无序的信息资料集中起来，通过综合加工处理，保留有价值的信息，并提供给领导者、机关各部门和有关机构使用，以发挥信息共享作用，诸如办公室OA系统发布的信息。

二是信访工作。在党政机关，信访主要是处理人民群众来信和接待人民群众来访；在企业单位，处理各类来访、咨询、投诉也属于信访范畴。它的重要意义在于为来访者排忧解难，积极处理，做通工作，跟踪调查，努力化解矛盾纠纷，提高单位诚信度和社会责任感，以维护良好公众形象。信访中也涉及接待礼仪、沟通协调和处置突发事件等方面的工作内容。信访常常涉及对外舆论与宣传，要做到谨言慎行、守口如瓶，移交给专门宣传部门进行解释、宣导，以维护单位良好的公众形象。

三是通讯工作。即电话、传真、邮件等通讯设备的操作与管理。通讯设备的日益发达，使个人之间、部门之间信息沟通交流愈加便捷。在办公室行政工作中，每天大约有30%的时间在处理沟通工作，通讯便是其最重要的工作形式。通讯工作要遵循沟通礼仪，沟通要注意简明扼要、注重实效等原则。

四是协调调度。即调整和改善部门与部门之间、工作与工作之间关系，建立良好的内外部环境，使各项工作保持和谐和同步化，以保证组织目标的实现。它不是一项独立的工作任务，而是在处理日常工作过程中经常使用的手段。譬如，秘书人员在安排分配任务时，调配人力、财力、物力等资源时，需要良好的沟通技巧和协调能力，使得事情发展能够顺畅进行。

五是督查督办。指秘书协助领导或组织把已布置却拖延不办或办理不力的工作自上而下地进行督促、检查，使之落实妥善。督办内容一般为决策实施、中心工作、重要布置以及领导者交办的其他事项。督查督办工作对于保证政令畅通、克服形式主义和改进领导作风具有重要作用。督查工作应遵循以下几项原则：领导负责、分级负责、实事求是、不直接办案、讲求实效。

六是值班工作。指在机关值班室固定或轮流担任的工作，包括承接上级指示、负责来访接待、安排领导活动、保证机关安全、处理突发事件、编写值班材料和承办领导者交办事项等内容。值班工作是机关工作的“窗口”，直接影响领导机关的形象。值班是一项综合性的工作，它所接触到的工作涉及方方面面，是一种综合素质的集中体现。

由此可见，秘书所“办”的工作内容具有广泛性、应急性、时效性等特征，应认真梳理程序、灵活分配、合理调度，才能做到“十根手指弹钢琴”，妥善处理好日常行政杂务。

三、“办”出水平：秘书工作效率提升的途径

高效率工作是组织和领导对秘书人员的要求。但不可否认，在某些机关团体、企事业单位中，仍存在秘书人员办公繁冗拖沓、形式主义和官僚主义等“衙门”现象，严重影响了单位组织的公信力和形象。那么，努力提升秘书人员的工作效率，既是社会发展的需要，也是秘书人员不断提升、实现自身价值的重要途径。

在这里，工作效率是指在完成某个任务时，取得的成绩与所用的时间、精力、金钱等的比值。不难发现，影响效率高低的标尺是由时间、精力、金钱以及质量的高低来决定的。一般而言，影响工作效率因素有两方面：一是态度，二是能力。工作能力的高低又直接反映在处理日常事务的方式上。因此，本文着重从方法论角度提出几点看法：

第三部分“秘书工作效率提升的途径”的六点经验总结得很好。若能真正做到这几点，相信所有秘书都能“办”出新的水平。但要做到这些并不容易，因为一个战士只靠信念作战是很难打败敌人的。

（一）建立工作列表，适时调整计划

计划是对工作任务的提前安排和规划，是管理时间的有

从方法论的角度，归纳“提升效率”的途径，显示出作者的理论探索与建构意识。所论六点，由常规工作到特殊情形，由基础性的问题到有针对性的状况，由轻到重，排列有序。

效手段。计划有长期与短期之分，秘书人员在全面了解单位阶段性任务的情况下，要准确把握好短期性、临时性的工作计划。一般而言，制订短期工作计划时应包括两项：一是妥善安排好领导的日程表，二是根据工作需要为自己制定工作列表。

首先，制订领导工作计划。秘书是领导的参谋和助手，工作具有随从性、被动性，先要服从领导需要，服从组织，以领导为重；因为领导的计划具有不确定性，应酌留一定的弹性时间，如遇上意外情况需变更的，要迅速理清头绪，根据轻重缓急来变更计划，并妥善做好善后工作。

【案例1】

美国通用汽车公司前总裁莫瑞要求秘书呈递给他的文件要分类放置在不同颜色的文件夹中：红色代表紧急，绿色代表立即批准，橘色代表今天必须注意的文件，黑色代表必须他签名的文件。这就是ABC工作法在实际工作中的完美运用。[①]

其次，为个人制定工作列表，设定完成时限。其主要目的：一为便于提醒自己，防止遗漏事项；二为方便分清主次关系，把主要精力用于重要工作内容上，节约时间和精力；三为敦促自己把握节奏，防止办事拖沓。

在制订个人工作计划时，一般要考虑常规性工作和领导交办任务的结合，领导交办的为先，一些琐碎的日常性事务可以插入适当的空隙，抓大放小，同时不能将任务安排得太满，要为随时“待命”留出适当的时间，以备不时之需。经验丰富的秘书身上都有个小小的备忘本，其中既有领导的日程表，也自己待完成的任务记录，每完成一项任务就在上面标记。同时，备忘录也还有其他作用，例如领导外出遇到需要记下的事项，如人名、号码、地址等，也便于及时记录，从而养成谨言慎行的职业习惯。

（二）发掘团队资源，协同借力行事

秘书工作任务繁多、种类庞杂，是一项综合性的管理工作。忙忙碌碌、琐琐碎碎，正是秘书工作的形象写照。秘书工作其中一项重要的工作内容是沟通协调。

譬如，在一个项目的谈判过程中，领导通常会安排秘书

---

① 案例摘自杨险峰. 80/20法则与秘书时间管理［J］. 秘书之友，2001（1）.

承担细节性的跟进和沟通工作。秘书人员接到领导交办任务后，首先要全面理解工作内容，弄清为何要做此事以及此项工作怎样操作才能达到最佳效果，其中某些专业性的交流安排其他对口的同事更为合适。然后诸如人力、物力、财力的配合支持、办事程序的安排以及其他应考虑的因素，应提前请示领导，也可建议将部分工作安排给对口人员协助办理。同时，还要善于与内外部服务部门咨询取经，获取经验性信息，讨教解决方案。

“三个臭皮匠，胜过一个诸葛亮”，通过适时借力，依靠团队的力量，可以避免因业务不熟悉、人际不通等问题而造成工作效率降低。借力也包括现代先进设备的广泛运用。例如，跟会时通过录音笔、摄像录制等手段，帮助记录会议内容，便于会议纪要的整理撰写；通过E-mail、传真取代寄发信件、电传；通过电话会议、电视会议、内部局域网实现网络办公。

（三）不断总结经验，优化办事流程

由于各个单位在性质、行业特点、运营模式、发展程度等方面存在很大差异，不同单位的秘书人员在处理日常任务过程中所遵循的程序、办事习惯、流转速度也有很大差别。因此，秘书人员工作效率的高低很大程度上也取决于单位内部管理流程是否完善。

比如，一项跨部门的请示任务，如果每次都要经过层层领导的审批，而其间又常常因领导不在位而耽搁时间，就应考虑可否简化程序，由电话批示或者改用OA办公自动化审批，实现移动办公。

再比如，公司的新员工培训，已形成了固定的培训程序，但因课程安排先后问题，造成许多新员工有共同的疑惑出现，则说明流程需要修正，人事部可在迎新时设一堂培训说明课，进行答疑解惑。

管理学有“PDCA循环法”，即计划、执行、检查、处理的管理模式，也适用于秘书工作。只有不断在工作实践中总结优化，才能避免重复性的问题出现，从而举一反三，切实提升工作效率。

（四）周密考虑方案，制定应急预案

俗话说，计划赶不上变化。唯有具备突发事件应急处理能力，适时做一些机动处理，才能保障计划的顺利实施。因此，秘书人员在策划重大活动时，通常要制定相应的应急预

优化办事流程是提高工作效率的重要手段。秘书工作的高效尤为重要，因为秘书工作的效率直接影响领导的工作质量。

案，主要针对突发事件的防御和意外情况的突发处置，有时甚至要准备多套应急预案。

其中，应急预案要根据活动或项目本身具有的风险、隐患特点，在辨识和评估潜在重大危险、事故类型、事故发生的可能性、事故后果以及影响严重程度的基础上进行。要提前对关键性环节、重点岗位、重要目标准备应急预案，有必要时应提前进行演练和培训，强化危机意识，提高现场处置能力。

【案例2】

第16届亚运会在广州举办，开幕仪式中安排在广州塔燃放倒计时烟花方案。相关部门需要充分考虑赛事策划主题、费用预算，并结合当地天气状况、燃放时段、周围建筑物特点、人群密度、技术支持等多方面因素，提前进行排练部署，安排好防卫警力，做好周边市民的通知协调、现场媒体安排等，同时做好如因意外取消燃放烟花的第二套紧急预案，以保证仪式的顺利举办。

可见，时刻保持警惕性，周密工作计划，防患于未然，对于处理各类突发公共事件，保障重大活动、项目的顺利开展尤为重要，是秘书人员在做好充分的前端准备之后，为事态可能发生的变化提前找好退路。这作为后端预备行为，无疑是秘书工作中全面衡量事态发展、周全考虑的一种重要补充手段，集中体现出秘书工作的严密性、缜密性。

（五）把握办与不办，注重事后反馈

秘书无小事，其中以领导交办的事务为首要。当然，秘书人员遵照执行的前提是领导决策必须正确。当领导出现政令错误之时，秘书受命于斯，明知不可办，又不得不办，如此尴尬处境该如何应对？首先，要坚守原则，秉公守法，以单位组织利益为重。其次，要迂回行事，事后委婉反馈，力

求化解矛盾。

【案例3】

某房地产公司（甲方）与某设计公司（乙方）达成项目设计协议，乙方完成设计阶段任务回馈甲方时，甲方却以领导出差为由迟迟未交付款项。情急之下乙方领导授意秘书与甲方谈判，说要待财务收到付款凭证，否则不安排深化设计。秘书深知甲方业务对于乙方的意义，一方面甲方未明称拒付款，另一方面还要考虑长期合作，如此言语势必会激化矛盾，如陷入僵局将会使公司前期的设计付诸流水。可见催款还是要催，但只能“随意提一下”，等深化图纸交付甲方时再提，甲方也就不好再推脱款项了。

可见，有时候“不办”恰是悬崖勒马。如果秘书人员因怕得罪上司而没有适时提醒，一味服从和执行，最终激化矛盾，导致事情向坏的方向发展，这也不是一名合格的秘书所为。高素质的秘书人员要坚持原则，分清时局，把握办或不办，切实为单位发展作参谋，同时要注意办事技巧，既要维护领导面子，抓准时机，更要分析入理，实事求是，切实充当领导的参谋和助手。

（六）树立超前意识，深入基层调研

秘书人员要切实提高工作效率，无论是完成工作任务、加快解决问题的速度，还是对人力物力的节约控制，归根结底还是工作质量的提升。不可否认，“办”具有受命性、被动性，但在实际工作中，秘书要勇于变被动为主动，提前做好调研和准备，因此要具备超前意识。这里所指的超前意识包括：

一是辅助决策的超前性。秘书要根据单位的发展方针和以往的经验对一些动态信息进行收集整理，一旦领导要作出决策时便可及时提供。

二是参与协调的超前性。秘书人员在日常部门协助工作中，要有意识地协助领导构建良好的人际关系，营造良好的协调氛围，从源头上防止矛盾的发生，从而增强整个机关队伍的凝聚力。

三是管理事物的超前性。深入管理的前提是调查研究。秘书在办理常规性行政事务过程中要深入基层调研，善于发掘各方面的潜在需求，主动听取各方面的意见和建议，使得各方面需求及矛盾能及时得到反馈与解决。

秘书工作中最基础、最繁杂、最难以用程式规范的，就是看似简单的一个“办”字。因而作者论此一“办”字，殊非易事。然而这也正是此文颇见功力之处。论文先就秘书繁多的工作，梳理归类为“办文、办会、办事”，然后分别论述这三大项工作的要点、规律，最后探讨如何有序、有效地提升工作效率。这样的写法，呈现了“做什么”、“怎么做”、“如何做得更好”的规范、清晰的思路。作者以化繁为简的方式，一一芟除繁芜，使文章条理清晰、结构匀称。

导师点评

四、结语

综上所述，关于秘书工作中“办”的工作内容涵盖了办文、办会、办事等方方面面，大多具有基础性、繁杂性、例行性的特征，在秘书日常工作执行过程中，容易流于形式而难以提升效率。因此，只有不断去充实自身的业务技能，重点在处理时间、精力、财力及人力等方面的关系上下工夫，综合裁量运用，不断反思和优化程序，才能切实掌握“办”的技巧和艺术。

诚然，作为现代意义的秘书人员，还需要从更深层次去修炼自己，从而提升自身素质。

首先是观念定位问题。要清楚认识到，现代秘书人员既是决策者的助手，更是领导身边不挂名的参谋，知识与判断能力是“办”出水平的基本条件。其次是要符合中国国情的时代要求。在新形势下，秘书人员必须具备敏锐的观察能力，稳重的办事风格与处事智慧，而这些智慧来自于合理的秘书知识结构，需要秘书人员对各种情况全盘了解与准备把握，需要从秘经验的不断总结与积累。最后是要科学掌握“办”的规律。尼采说：“世界上最重要的知识是关于方法的知识。”如何在把握原则的前提下，对“办”的规律做到灵活运用，这需要讲究沟通的艺术。

这是一篇概括全面、写得很认真的文章。文字清新、流畅，思路清晰，结构合理，反映了作者扎实的文字基本功。并且字里行间不乏作者的创见。

话“谋”

刘　君

发挥参谋作用，为领导的决策提供参考意见，是秘书部门及秘书人员重要的职能活动。这一职能用一个字概括，就是“谋”。从秘书这一职事诞生开始，“谋”便与秘书产生了密不可分的联系。本文从定义“谋”入手，尝试将秘书的“谋”的思维模式囊括进一个系统，廓清秘书的“谋”的上限、中心和底线，同时对秘书的“谋”的价值等进行分析，结合案例论述“谋”的方法和艺术，最后得出到底秘书要如何“谋”的意见性结论。

秘书为领导出谋划策是其重要职能。当前，随着领导综合素质的提高以及各种资讯传播的迅猛，秘书工作对相关人员发挥参谋作用的要求越来越高。

一、“谋”与秘书之“谋”

“谋”在字典中的主要意思有：计划、计策、主意，如计谋，出谋划策；设法寻求，如谋求，图谋；商议，如谋划，不谋而合。作动词用时，主要意思是考虑、谋划，商议出办法或盘算出主意，如《说文解字》中对谋的解释就是“虑难曰谋”。

那么，秘书与“谋”又有何关系？从历史中我们可以看到，“谋”与“秘书”这种职业（或者职事）可谓密不可分。舜帝时期，设立“纳言”，相当于原始社会的秘书。“纳言者喉舌之官，听下言纳于上，受上言宣于下。”（《尚书·舜典·孔传》）纳言的使命是上陈民意，下达王命。为此他必须深入民间，广泛调查民意然后向舜汇报，供舜决策并给舜拟提建议，其参谋职能是很明显的。[①]而在殷商时期的

① 王舒雅. 以古论今谈秘书的参谋功能［J］. 秘书工作，2009（1）：12 ~ 14.

秘书——史官则是通过占卜来为商王的征战、筑城、任官、婚娶等大事提供参考意见，实际上对军国大政、重大行动具有重要的参谋作用。从上可知，我国的秘书从诞生时期起就有了参谋职能。之后，从我国历史上最早的中央秘书机构——西周的太史寮，到秦汉的丞相府、唐朝中书省，再到宋朝翰林院、明朝的内阁与清朝的军机处，这些秘书机构及其人员无一不具参谋职能。可见，“谋”是秘书工作主要职能之一。

新中国成立以来，秘书工作中“谋”的职能得到了党和国家的重视。1951年7月，当时的政务院根据秘书工作的实际情况和秘书长会议的精神，将秘书长和办公厅主任的工作表述为“既要参与政务又要掌管事务”，所列工作任务如协助首长综合情况、研究政策、推行工作、密切各方联系、掌管统战、保密和机要等，也大都具有参谋的性质。1985年1月，全国党委秘书长、办公厅主任座谈会提出具有战略意义的“四个转变”，进一步强调了发挥秘书参谋作用的重要性。两次会议指出的参谋作用的主体虽然一为秘书部门领导人，一为秘书部门，但其精神显然适用于整个秘书工作。我国秘书界权威杂志——《秘书工作》曾于2009年特别策划“贵在能参善谋”这一专题，并连续刊登多期，由此也可以看出“谋”之于秘书工作的重要性。

在秘书学学界，秘书“谋”的重要性体现为学者们对“辅助决策”的详细论述。《秘书工作》杂志前主编、我国秘书学研究主要开创人之一李欣先生对秘书的参谋作用发表过许多重要的观点，如“寓参谋作用于日常工作之中”，秘书在撰写公文、筹办会务等事务中，都能发挥参谋作用；秘书对领导参谋、提醒时，要“事不过三”，防止干扰领导的思路；等等。①暨南大学陈合宜教授在《秘书学》（第六版）②中认为“辅助决策”是秘书工作四项主要工作任务之一，并提出其内容包括协助领导调研、收集信息；协同有关部门提出方案，撰拟文稿供领导参考；将领导已形成文件的决策下达；协助领导实施决策和检查决策的执行情况。而在司徒允昌等学者编著的《秘书学教程》③中，在论述秘书机构的“辅助决策”职能时，则是从“认识决策在管理中的意义”、

---

① 常崇宜. 简论李欣的秘书理论［J］. 秘书，2009（1）：25 ~ 26.

② 陈合宜. 秘书学（第六版）［M］. 广州：暨南大学出版社，2010.

③ 司徒允昌，陈家桢，张相平. 秘书学教程［M］. 上海：上海人民出版社，2003.

“摆正秘书在决策中的地位”、“履行秘书机构辅助决策的职责”、“明确秘书机构辅助决策的要求”等方面展开论述的。

与“秘书”定义一样，学界对“秘书的谋”这一职能的概念界定并不统一，或者往往没有对秘书的参谋职能的直接定义。关于秘书的“谋”，可以总结出基本一致的观点是：第一，秘书只是参与决策，但不是决策者，并没有决策权，“秘书的谋”只能为领导提供辅助决策的作用；第二，秘书工作中“谋”的具体任务是为领导在决策过程中提供信息、谋划和建议。

综前所述，笔者认为“秘书的谋”可定义为：

秘书参谋是秘书部门及秘书人员重要的工作和职能活动。秘书参谋的价值在于针对领导的决策，为领导提供辅助决策的作用，具体任务是为领导在决策过程中提供信息、谋划和建议。

“秘书的谋”在学界尚无权威定义。此处定义也许并不严密，但切合了论述逻辑上的需要。

二、“谋”之必要性

从上文可知，“谋”是秘书工作必要的职能。下面将从目的和优势两方面来说明“谋”的必要性。从谋的目的可以看出它到底发挥了什么作用，即说明“秘书为什么要谋”；从谋的优势则能看出其重要性，即说明“为什么要秘书来谋”。

（一）目的

杨尚昆同志曾明确指出新时期对办公厅工作提出的一系列新要求，最重要的是：“如何积极主动地为领导决策和实施决策提供准确的信息和周到的服务。”可以明确地看到，“让领导更好地决策和实施决策”是秘书工作的重要内容，而决策是管理的首要环节。赫伯特·A. 西蒙曾说过：“决策过程，从广义理解，就似乎和管理成了同义语。”从上文定义也可知，秘书的“谋”是针对领导决策的辅助性活动。所以可以得出这样一个式子：

秘书的谋→让领导更好地决策和实施决策

因此可以明确，秘书的谋是为了领导更好地决策，也就是让领导更好地指挥全局，管理整个系统（单位）。

秘书参谋上的优势均是源于贴近领导的特殊性。

（二）优势

秘书能直接"谋"。秘书部门和秘书人员居于领导集团，离领导者最近，无论是反映情况、提出课题，还是综合材料、提出建议，都可以与领导者直接沟通或者共同去完成，不需经过任何中间环节。

秘书能经常"谋"。秘书工作者每日每时都要围绕领导活动的需求开展辅助工作。当领导者对某一政策或法律规定不够明了时，秘书就需提供可靠的政策依据或法律条文；当领导者对某一新事物尚未觉察时，秘书就需及时传输相关信息；当领导者在某一问题上举棋不定时，秘书就需分析利弊得失，积极地出主意、想办法。这种参谋活动的及时性、随机性较之智囊机构的"应约而行"，更为灵活、及时、便捷。

秘书能更有效地"谋"。秘书部门是领导集团的综合办事部门，其参谋活动是全方位、全过程和多功能的，必须要统筹兼顾，既要在具体的日常工作中发现和研究问题，又要对决策目标实现的全过程进行辅助。由于秘书部门和秘书人员处于一个组织的枢纽位置，信息灵通，熟悉全面情况，了解领导意图，因而其参谋活动往往能着眼全局、富有成效。

三、"谋"之原则和意识

论述"谋"的原则和意识，是为了弄清"谋"的度在哪里。为了思路上的直观和明确，本文尝试从上述定义入手，将谋的原则和意识囊括进一个思维系统（如图所示），分为一个中心层和两个延伸层。

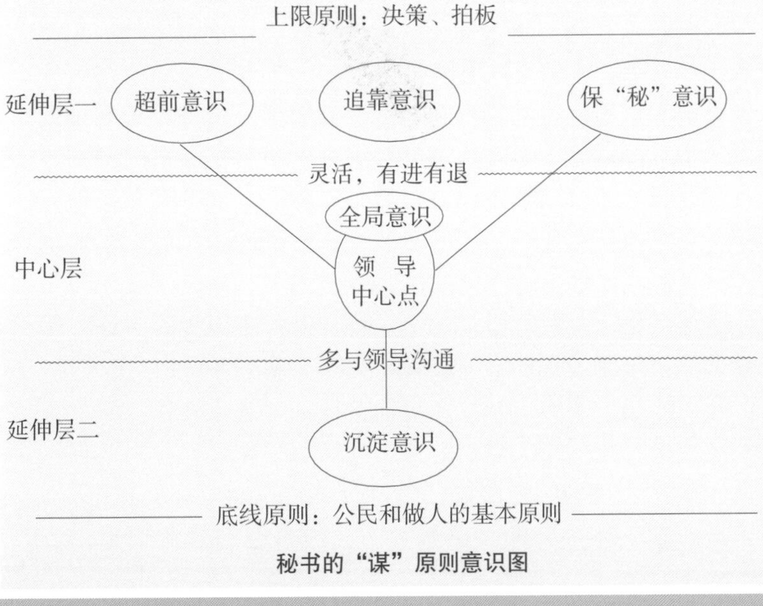

秘书的"谋"原则意识图

(一)中心层

从定义可以明确知道，秘书“谋”的最主要目的就是为领导决策服务。既然如此，那么“谋”的中心点便是更好地辅助领导决策。打个比方，这一层面中，有个原子核，对浮游周围的电子产生吸引力，这个原子核就是“更好地辅助领导决策”。意思是，秘书所发出的“谋”都要指向这个中心点，即要围绕领导这个中心来“谋”。

这一意识层面必须具有全局意识。领导决策都是从全局着眼的，因此秘书的“谋”也必须具有全局意识。只有具备了全局意识才能抓住事物的本质，才能避免认识的片面性和狭隘性。在参与决策的过程中，秘书人员应该统筹兼顾、系统思考，考虑到外部关系、内部关系，把握时代背景，熟悉大政方针，通过全面的分析、思考和筹划，最终得出符合客观现实情况及其发展规律的参谋意见。

(二)延伸层一

在这一层面上，可以得出“谋”的上限是“决策”，也就是说秘书一般没有决策权，必须是“谋而不断，谏而有度”。可以出丰富详尽到极致的主意，但是绝不可越过秘书的权力范围。可以让自己的“谋”辅助领导无限接近这条线，但自己绝不可越线，而是应该把主动权交给领导，让领导自己轻松地完成决策。

在这一层面上，需要秘书具有超前意识、追靠意识和保“秘”意识。这也是秘书发挥好“谋”这一职能的必然要求。

超前意识。一般来说，领导的决策都是对未来工作的安排，由此决定了秘书为辅助决策而进行的“谋”的工作，必须具备超前意识。也就是要提前做好下一步准备工作，想领导之所未想，为领导的决策起到补充、延伸、完善的作用。

追靠意识。秘书工作有一定的被动性，但是要更好地发挥“谋”的职能，更好地辅助领导作出决策，就必须善于站在领导的角度来看问题。因此，秘书人员必须发挥追靠意识，积极地去“追”上领导的思路，往领导决策需求上“靠”，并且积极主动地实施和反馈。

保“秘”意识。秘书之为“秘”书，是因为其工作以辅助为主，如地下潜行秘流的河，不容易也不应该突出作用；并且由于秘书服务于领导，容易接触到各类重要信息，如果泄露出去，将损害集体利益，因此秘书工作往往是需要保密的。具体到秘书的“谋”，同样应该坚持保“秘”意识：一方面，在为领导辅助参谋时，不突出自己的作用；另一方

概括划分出三个层次，是对秘书参谋的边界的一次思考和探讨。以这种形式来展开论述，读者可以较为清晰地了解作者的思路。

面，在领导作出决策后，无论这决策是从领导口中而来，还是已经形成文件，都应该以集体利益为重，管好自己的嘴巴，妥善保存资料，防止信息泄漏。

（三）延伸层二

在这一层面上，秘书应该回归到公民和做人的基本原则。秘书工作应该有自己的最底线，在为领导和单位出谋划策时同样如此。这条原则线是刚性的，是作为一个人和公民来说不能被践踏和变形的，包括违法乱纪不可谋，有损人格尊严不可谋，有损道德不可谋。但是，在这一层面上，秘书也应该有一种预先考虑的意识，为了与上面的超前意识相区别，姑且称之为“沉淀意识”，即在出谋划策时往后看，将它沉淀到心灵的最底层，预先判断这样做是否会违背自己的底线。

四、“谋”之方法和艺术

从层次上来说，“谋”的方法是基本层次，讲的是怎么样来“谋”；“谋”的艺术是较高层次，讲的是怎么样来更好、更妙地“谋”。如果和上面的原则意识图对应起来，做到了让领导更好地决策和实施决策，就称得上是合适的“谋”。而要达到艺术层次，就要发挥延伸层的各种意识，调动起各种资源，发挥主观能动性，所谓“参”到点子上，“谋”到关键处。下面就具体案例来阐述“谋”的方法和艺术。

（一）基本方法：积累知识

【案例1】

小崔是某公司的总经理秘书。这天上午一上班，有个老客户就打电话来，询问公司搬到什么地方去了。小崔告诉他说公司搬到中关村的上地来了。客户问：“我现在在王府井，几年没到北京来了，变化挺大的，能否告诉我一下坐什么车去你们公司？”小崔的家就在上地，很少去王府井那边，结果她只好把话筒递给坐在旁边的办公室主任老洪……老洪挂上电话后，要求小崔尽快熟悉北京市的交通情况，对北京市交通情况的了解，就应该像熟悉自己的掌纹一样。①

秘书工作中，涉及参谋职能的情况广泛、复杂且多变，“谋”的方法因此很难概括完全。以“案例+分析”的形式展开论述，避免了泛泛而谈，利于论述的中心明确、清晰。

导师点评

---

① 案例1、2、4、5、7参考谭一平. 我是职业秘书［M］. 北京：机械工业出版社，2008.

秘书要做到能参善谋，相关的知识积累必不可少。虽然说现在只要能上网，就能查到所需要的资料，但是在实际工作中，常常需要秘书“即时性”地提供帮助领导完成工作和决策所需要的资料。如上例，小崔接到询问交通情况的电话，假如换做是自己的领导打来询问，那么答不出来的小崔就是失职了。因此，秘书尤其是年轻的秘书必须注意积累各种知识，例如单位概况、时政常识、经济学常识、风土人情、餐饮常识、交通情况等。在日常工作中做一个有心人，多看、多听、多问、多想。如果真的是自己无法解答，那也应该实事求是地承认，恳请领导给予时间查找资料，同时向有经验的同事虚心求教，力求下一次能胸有成竹，为领导决策提供准确到位的信息。

（二）超前意识：放眼全局地“谋”

【案例2】

小琳是某公司总裁办的秘书。这天公司召开临时董事会，讨论投资纳米产品项目的问题。由于大多数董事对“纳米”没什么了解，感到有些云里雾里。眼看会议陷入僵局，这时，坐在总裁身后，负责会议记录的小琳悄声问他是否可以让自己解释一下什么是纳米。总裁马上点头，于是，小琳用非常通俗的语言解析了什么叫纳米和纳米产品的功效……会议达到了预期的目的，结束时总裁宣布让小琳负责公司整个纳米项目的协调工作。小琳的表现让总裁和公司的其他董事对她刮目相看。原来，小琳在平时就注意收集公司发展知识，而且还与负责研发的同事们建立了良好的关系。这样，当总裁让她负责协调整个项目时，她早已胸有成竹了。

应该肯定的是，秘书必须脚踏实地工作。同时，秘书还要经常“抬起头来”，学会利用自己的职位优势，向下要注意向一线基层的工作人员们学习请教，多“接地气”；向上则是学习领导的思路，更多地从整个组织运营的角度来考虑问题，比如，仔细阅读和琢磨各种文件和资料，经常从网上、报纸和杂志上关注本行业的各种动向等等。只有这样，秘书才能在最关键的时刻发挥参谋助手的作用，提出重要的、切中要害的意见。

（三）追靠意识：围绕领导的关注点来“谋”

【案例3】

1941年，陕甘宁边区人民政府副主席李鼎铭先生向党中央提出了“精兵简政”的建议。当时正值抗日战争最困难的时期，如何克服由于日、伪军和国民党的进攻、封锁而造成的严重经济和财政困难，是我们党亟须研究解决的一个重要问题。李鼎铭先生恰恰是在这个节骨眼上，提出了“精兵简政”的意见，可谓“天旱送来及时雨”。他虽为党外人士，党中央却采纳了他的建议，并给予高度赞扬。①

参谋到位，需要秘书善于从日常工作中不断提炼、思考与总结，做到“心中有数”。

从这个案例可以看出，凡是当前亟须解决的问题，秘书研究好了，提出了建议，拿出了对策，不仅容易被领导采纳，还会受到肯定和赞扬。因此，“谋”的内容应该与决策需要相一致，也就是要围绕领导的关注点来“谋”，抓住当前最急需的来“谋”。一般来说，领导关注的都是重大问题、根本问题。要做到有的放矢，就需要秘书多与领导沟通。秘书工作者必须围绕领导的关注点来思考问题，提出意见建议，这样才能“参”到点子上，“谋”到关键处。

① 张传禄. 怎样才能做到能参善谋［J］. 秘书工作，2009（2）：7～9.

（四）保"秘"意识：坚持秘书职业道德

【案例4】

一天下午公司领导开会，秘书小尤到会议室给领导们沏茶添水。会议快结束的时候，官总对人力资源部顾部长说："我考虑派市场部的肖鑫过去香港。那小伙子机灵，听说还没结婚，家里也没什么拖累。"见没有人提出什么异议，顾部长说一定尽快办，争取在6月1日之前给肖鑫发正式调令。肖鑫是小尤的男朋友，当晚约会时，小尤把公司要派肖鑫去香港的事说了出来。第二天上午，肖鑫不知是有意还是无意，就把这事在办公室里说了。人事问题向来敏感，所以，他的同事又把这事说了出去。一传十，十传百。当天下午这件事就传到人力资源部顾部长的耳朵里去了，他马上找到肖鑫，问他是听谁说的，肖鑫只好说是听小尤说的。调令还没有正式公布，就已经传得满城风雨了，顾部长当然不能容忍这种事情发生，所以，他把小尤叫去，狠狠地批评了一顿。之后，他又给总裁办主任打电话，建议将小尤调离现在的岗位。小尤感到非常后悔，便提出了辞职。

这个案例体现了秘书具有"谋"的职能时，必须处理好的一种情况。秘书在辅助领导决策时，经常可以在会议上、在领导的讨论中听到、看到一些重要的信息，如果泄漏出去，既会影响集体利益，也会对自己的职业发展造成难以消除的不良影响，因为这是事实上的失职，如案例中的小尤。由此可见，唯有保"秘"，才能谈得上发挥秘书的职能，进而发挥"谋"的职能。尤其是对人事调动这类高度敏感的决策信息，秘书更是要提高保"秘"意识，在各种场合的闲谈中，保持头脑清醒，坚持职业道德，不感情用事，避免重要信息的泄露。

（五）统筹兼顾：及时有效地"谋"

【案例5】

小郑是某公司的总经理洪总的秘书。一天下午她上班不久，区石化公司的余总打电话来找洪总。洪总恰好不在，作为秘书，小郑知道余总是洪总研究生班的同学，他与洪总的私交不错。余总对小郑说，他们导师的夫人昨晚突然去世了，他想约洪总明早一起去看看导师。请小郑告诉洪总，并给他回个话。因为关系很熟，所以余总说话也比较随便：

"另外，看导师的时候，多少得送点儿钱，表示一下心意。我俩最好送的一样多，所以，你问一问你们老板，看他打算送多少，到时候告诉我。"洪总到下午七点多才回到办公室，小郑马上把余总的意思向洪总作了汇报。"你说送多少钱比较合适？明天还要带些什么东西去？"不知是突如其来的噩耗让洪总不知所措，还是洪总对这种世态人情没有什么了解，他这样反问小郑。小郑从没有想过这些问题，所以只好摇头。当然，她也看到了洪总眼里对自己的不满。

秘书事务涉及方方面面，时时留意，眼里有活，不断积累，才能达到各种工作要求。

这个案例中，秘书小郑在领导需要参谋的时候没有及时提供帮助，体现了她缺乏统筹兼顾的意识。虽然这件事是领导的私事，但如果没有处理好，同样会影响领导的工作，从这个意义上讲，领导的私事对秘书来讲也同样是工作，是公事。这便要求秘书面对有些杂务时，也要主动发挥参谋助手的作用，平时要熟悉领导的工作习惯和工作内容，细心观察领导的工作习惯，了解领导的喜好，从而有效地为领导提供及时有效的参考意见。然而有时秘书出主意，领导反而会产生顾忌等反面情绪。这种情况下，秘书首先应该做足功课，了解清楚事情背后的各种因素，不贸然提出自己看法；在跟领导汇报时，注意观察领导的情绪，在适当的时机提出便于领导决策的建议和意见。

（六）别具匠心：细心主动献良谋

【案例6】

1948年2月，毛泽东主席亲自主持拟制了《中共中央关于土地改革中各阶级的划分及其待遇的规定》，随即让新华社和电台播发全国各中央局、中央分局，要求各地认真讨论，并将意见迅速汇报到中央。3月的一天，毛主席问起东北方面调查土改和讨论规定的材料来了没有。担任秘书的胡乔木告诉他说早就来了。毛主席追问："来了为什么不及时送给我看？"另一个秘书叶子龙说："这份电文您已经看过了。"并连忙去找，结果从文件堆里翻了出来，电文上已画了许多勾。当时领导人看阅电报、文件后，就在头一页上画勾。但毛主席说这份文件他并没看过。由于上面只有勾勾，看不出究竟是谁画的，所以到底谁看过，谁没有看过，确实分辨不清。这以后，叶子龙想出了一个办法。他在传送电报、文件之前，先在电报、文件上署好各位领导的名字，哪位领导看过了，就在自己的名字上画一个圈，谁看了、谁没看一目了然。领导人传阅电报、文件在署名上画圈的制度，就这样形成了，并一直沿用到现在。[①]

“圈阅制”的由来，说明了秘书要做到能参善谋，有时必须别具匠心，多开动脑筋，想方设法让领导决策更有效、更快捷、更方便。秘书若能够想出可以发挥实际效用、能够切实解决问题的好点子，自然会得到领导的赞赏和肯定。这便需要秘书注意观察工作中存在的老问题，关心新形势下出现的新问题，运用各种方法去寻找解决的办法，想出巧点子、妙主意。

（七）冷却处理：给领导调整决策的机会

【案例7】

上午十点，秘书小温正在整理档案，老总来电话让她去他的办公室。一进门，老总就说：“小温，我刚才起草了一封给深圳隆源公司钱总的信，你马上把它打印出来，用传真发给他！”小温接过草稿，信的内容大致是这样的：钱总，你我两家公司打了这么多年的交道了，你怎能做出这种背信弃义的事来呢，我决定断绝我们两家公司的一切往来！对于本公司与隆源公司之间的关系，小温也知道个大概，因为钱总每次来北京，都是她负责接待的。她觉得钱总的一些做法虽有不妥之处，但老总也没有必要这样大动干戈。于是，她对老总说：“老板，您这么做是不是意气用事？”见小温说自己是意气用事，老总更是气不打一处来：“你怎么知道我是意气用事？我就是意气用事又怎么了？”“狗咬吕洞宾，不识好人心！”小温在心里嘟囔着。她回到办公室马上把老板的信打印出来，用传真发了出去。快下班的时候，老总问小温传真发了没有。当他得知传真上午就发出去了之后，眼里露出了明显的悔意。小温也看出来了，老板对自己也非常不满。

---

① 张传禄. 怎样才能做到能参善谋［J］. 秘书工作，2009（3）：8.

实际工作中，应有意识地加入一些弹性因素，如提前截止日期，以留给自身弥补差错、修补疏漏的机会，最终确保工作目标的顺利达成。

当领导作出决策后，秘书应该继续发挥辅助决策的职能。因为领导也是人，他的决策往往可能受情绪等各种因素的影响，出现偏差、失误。作为助手，秘书在发现领导缺乏冷静之后，自己必须先冷静下来，而不能像小温一样，既没有尊重领导决策的权威，也没有冷静地处理工作，结果造成了失误。因此，秘书在发现领导作出不冷静的决策时，先要仔细分析领导失去冷静的原因，并且尽快让领导冷静下来。这就要求秘书要经常了解领导的工作内容和真实的想法。当确信领导决策出现了失误之后，那么秘书作为助手就应想方设法给领导创造再次决策的机会，以修正错误的决策，从而避免造成重大失误。

综上所述，可以得出秘书的“谋”是秘书部门及秘书人员重要的职能活动。秘书的“谋”，必须以领导决策需要为中心，同时注重主观能动性的发挥，做到系统思考、统筹兼顾、主次分明、先后有序。秘书如何参好“谋”，最重要的有两点：一是“谋”的合适度，知道什么时候该出主意，“谋”到什么地步为佳，如何“谋”更佳；二是“谋”的准确度，懂得如何能“谋”到关键，“谋”得到位。此外，秘书的“谋”应该注重方法和艺术，要从积累知识做起，踏踏实实打好基础，在工作中不断总结经验，领悟“谋”的艺术，最终实现让领导更好地决策和实施决策的目的。

论“管”

张　斓

秘书的管理职能是对其职业素养的综合考量，包含日常事务管理与参谋助手职能两个层面。本文从秘书管理职能的历史渊源、秘书工作中管理艺术的运用、秘书自我管理和管理型秘书的高端前景四方面，论述秘书之管实为分担领导职责，并非攫取权力。

“秘书”者，三代之史官也，自古为要职。其产生之初，主要职能为“结绳而治”，将绳上大小各异的结作为记录部落大事、辅助主官处理政事的主要方式。此后，“秘书”一词体现的官职名称和职责范围也在不断发展变化。如今秘书所具有的部分管理职能与信息化工作令领导分身乏术、秘书从业人员素质大幅提高以及科学管理学研究日益深入有较大关联。

现代管理学之父德鲁克认为，要成为有效的管理者，必须养成四种思维习惯：正确的时间统筹观念、明确的成效结果意识、知人善任的用人眼光和具有明智的决断能力等。[①]秘书在辅助管理中，恰好与上述四种领导者思维特性相契合。简言之，秘书在领导授权下的时间管理、日常事务管理和必要的参谋决策，是对领导正确决断的有力补充。以下将从这几方面详加论述。

① 张贯一，任慧军．组织行为学［M］．北京：科学出版社，2007.266.

秘书之管，并非擅权，实为分担。这是对秘书工作“管”的职与责比较新颖的界定和论断，是给秘书工作中的“管”一个名分。

秘书时间管理是秘书之管的重要内容，表面上看包括两方面内容，实际上更主要的是对领导时间的管理，这也是秘书工作有别于其他工作之处。

一、时由我待——领导与秘书时间的双重变奏

这个世界上根本不存在“没时间”这回事。一切完全取决于是否能够成功管理自己的时间，这就是所有成功的秘诀所在。

——阿兰·拉金《时间管理经典：如何掌控自己的时间和生活》

秘书之管分为日常事务管理和适时适度地参与管理层决策事务两部分。对领导的时间管理从属于这两部分，是其管理能力的综合运用，可充分考量秘书的管理艺术。领导与秘书的时间的双重变奏在于，秘书在服从领导工作安排的同时，又有管理领导时间的职能，其时间观对自身及领导均有影响。秘书管理领导时间，应充分考虑领导工作习惯和高效工作的要求。“如果不会管理好时间，一切管理就都没有意义了。”①

（一）时间管理工具

1. 工作日志

工作日志首先运用在电影领域，是拍摄工作的每日进程依据，对秘书工作也有借鉴价值。填写的信息内容主要包括会议情况、约会安排及个人安排等。领导可在日志中了解下属任务达成情况和具体操作中存在的各类问题，及时作出合理决策；秘书也可借此加强自我管理与约束，提高管理时间的能力。

不管运用什么工具和手段，秘书时间管理都必须坚持向心运转原则，即与领导保持时空一致。

2. 时间表

时间表是管理时间的一种手段。它是将某一时间内已明确的工作任务条理化记载的表格，是提醒使用人按时行动，以期有效管理时间、保证完成任务的简单方法。图1为《第四届中国国际生物医药发展峰会日程表》，日程表将为期三天的峰会安排明晰地列出，相关人员可依此赴约活动，办会有条不紊。

① [美] 彼得·德鲁克. 管理实践 [M]. 毛忠明等译. 上海：上海译文出版社，1999.

第四届中国国际生物医药发展峰会
THE FOURTH CHINA INTERNATIONAL LIFE SCIENCE SUMMIT

峰 会 日 程

2008年9月21日（周日）	
全　天	美国FDA最新政策解读报告会成员注册
2008年9月22日（周一）	
09:00-12:00	美国FDA最新政策解读报告会（一）
12:00-14:00	午　餐
14:00-18:00	美国FDA最新政策解读报告会（二）
全　天	其他参会代表会议注册
2008年9月23日（周二）	
09:00-09:20	开 幕 式
09:20-12:00	主题报告（一）
12:00-14:00	午　餐
14:00-18:00	主题报告（二）
18:30-20:00	西湖之夜大型晚宴

图1　峰会日程表

（二）时间管理艺术

时间管理以更有效地运用时间和降低事件发展的变动性为目标，既是一门科学，也是一门艺术。实际工作中应把握及时、适时的原则，有时甚至也包含拖延艺术的运用。

1. 善于为领导的时间掌舵

（1）事分轻重，科学规划时间。

图2为帕累托原则模型：

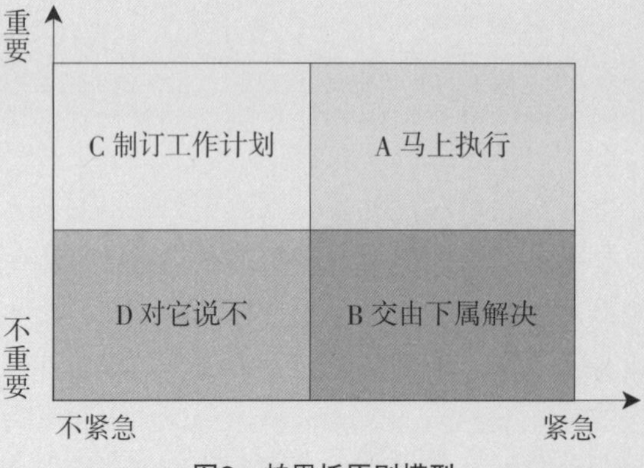

图2　帕累托原则模型

依据这一模型，处理公务分清轻重缓急，可以进行如下排序：

A. 重要且紧急——必须立刻做。

B. 紧急但不重要——只有在优先考虑了重要的事情后，再来考虑这类事。

C. 重要但不紧急——只要是没有前一类事的压力，应

二八定律是时间管理的一条重要定律，其核心在于如何认识和挖掘那20%，从而更好地管理领导那宝贵的可支配时间。

该当成紧急的事去做，而不是拖延。

D. 既不紧急也不重要——有时间再说。

该模型旨在将事情依重要紧急程度排序。帕累托认为，生活中80%的事情只需要付出20%的努力，而只有20%的事情是值得做的，这部分应当享有优先权。因此要善于区分这20%的有价值的事情，然后根据价值大小，合理分配时间。

⑵ 留有余地，创建机动时间。

领导时间可分为被动时间与可支配时间两部分。被动时间为应对突发事件或为领导例行事务需事先预留的时间，不由管理者控制。秘书对领导时间的管理，实际仅限于可支配时间。科学有效地管理领导的可支配时间，为应对突发事件留有余地，是秘书时间管理的重中之重。在科学的计划指引下，领导可在有限的时间内优先解决关键问题，从而达到领导效果最大化。

⑶ 适度谨慎，合理运用时间。

领导活动是否有序有效，直接影响组织运转的秩序和效率。秘书协助领导在来源众多、内容繁杂的活动中统筹安排，应把握适度原则。如活动安排过多，会分散领导精力，干扰正常工作；安排过少，也会影响领导与相关部门的交流与接触。因此，安排领导活动应做到分清轻重缓急，有序安排，从而提高工作效率，要求秘书工作者讲求高度的准确性和细节的敏感性。

2. 经营工作环境增殖时间

有序整洁的办公环境无疑给人一种美感，简洁与条理会提升工作效率。以处理文件为例，秘书将文件送给领导之前应先按轻重缓急将文件分类，条理清晰；文件阅后迅速归档，以免弄乱甚至丢件；失效文件应及时销毁，以免造成空间和时间的浪费。

3. 适时运用拖延艺术

有则谚语：机会先把其前额伸向你，如果不及时抓住，它会给你容易抓到的瓶颈；如果你仍未出手，即使是难抓的瓶身，它也不再留下分厘。似乎凡事速战速决、决不拖延才是成事唯一途径。实际山鲁佐德长达一千零一夜的拖延记录，也应被视为智慧的典范。工作讲求高效，“效”并非仅指速度之快，还应有较好成效的意味。秘书在日常事务管理中应有快慢适宜的节奏意识。“快”自不必说，作为下属，领导交代的任务要在期限内完成。真正考验秘书时间观是否成熟的恰恰是能否适时做到“慢”，欲速则不达。

“拖延”可以给决策者留有必要的冷静思考时间。中国式

拖延艺术的提出很新颖。拖延不是不办，而是欲擒故纵，以退为进，选择最好时机，以达最佳效果。

导师点评

管理之父曾仕强认为，“推、拖、拉是最好的管理，一推一拖一拉，又省力，又省时，又不费劲，问题也就没有了”。时间管理的目标并非将所有事情做完，而是如何更有效地运用时间。圆通与圆滑有差异，关键就在于如何运用拖延艺术。拖延之后没有解决问题叫圆滑，这是推卸责任；拖延之后解决问题的叫圆通，是成熟管理之道。[①]管理领导时间，应客观分析事件的轻重，适当运用拖延艺术。

（三）克服帕金森定律，领导智慧对合理用时的有效指导

帕金森定律表明：只要还有时间，工作就会不断扩展直到时间所剩无几。若领导事必躬亲，无法从繁杂工作中抽身，势必造成时间无端耗尽，工作效率降低。因此应抓大放小，统筹管理，适当授权。反馈与控制是领导授权而不失权的必要手段。领导可在授权过程中掌握工作进度，并要求被授权者及时反馈工作情况，对偏离目标的行为做到及时引导和纠正，领导智慧可以为时间管理的双重变奏增色不少。

二、巨细皆宜——科学管理塑造职场多面手

（一）日常事务管理

1. 会议管理与事务管理

依据国家秘书职业资格考试对二级秘书的要求，列出秘书管理职能在工作中的具体表现，可参见表1。在事务管理中，实际还有较高层次的出谋划策、决策支持等参谋任务，后文将详加论述。

表 1　秘书管理职能表

职业功能	工作内容	能力要求
会议管理	（一）会前准备	1. 能够拟定会议议程、日程 2. 能够提供会议地点备选方案 3. 能够布置会场和安排座次 4. 能够发布会议信息 5. 能够安排会议食宿、车辆 6. 能够邀请嘉宾 7. 能够准备会议资料、会议用品 8. 能够安排会议礼仪服务 9. 能够检查会议常用视听设备是否正常

① 曾仕强. 中国式管理之组织行为学［M］. 北京：中国科学文化音像出版社，2005.

(续上表)

职业功能	工作内容	能力要求
	(二) 会中服务	1. 能够安排会议值班工作 2. 能够联系和招待新闻媒体 3. 能够进行会议记录 4. 能够收集与会人员对会议的意见和建议 5. 能够印发会议简报 6. 能够安排与会人员的集体合影
	(三) 会后落实	1. 能够收集、整理会议文件资料 2. 能够印发会议纪要 3. 能够结算会议经费 4. 能够收集、反馈会议精神的落实情况
事务管理	(一) 接待	1. 能够拟订接待工作计划 2. 能够安排迎送来访团体 3. 能够安排来访者食宿、交通、行程 4. 能够安排来访者的参观、娱乐活动
	(二) 办公环境管理	1. 能够布置办公室 2. 能够检查办公室环境的安全状况 3. 能够对办公室安全隐患提出处理办法
	(三) 办公室日常事务管理	1. 能够编制工作时间表 2. 能够编制、管理工作日志 3. 能够管理印章和介绍信 4. 能够安排值班工作 5. 能够办理现金使用手续 6. 能够办理上司的差旅事务 7. 能够办理上司临时交办的事项 8. 能够完成文字记录工作
	(四) 办公用品与设备的使用和管理	1. 能够订购、接收、管理办公用品 2. 能够使用数码相机拍摄照片 3. 能够使用扫描仪扫描文件和图片 4. 能够使用光盘刻录机刻录光盘 5. 能够使用投影仪显示图文 6. 能够使用摄像机进行拍摄
	(五) 信息管理	1. 能够收集信息 2. 能够筛选信息 3. 能够分类信息 4. 能够校核信息 5. 能够以各种方式传递信息 6. 能够登记、编码、排列、保管信息

2.档案管理

日常事务管理还包括参观、宴请、签字仪式和典礼等活

导师点评

动的商务活动管理；国内、涉外出差旅行，随从和网上预订等事务的公务旅行管理；文书归档、立卷、档案整理和文案管理等，在此仅简要介绍档案管理。档案是指过去和现在的国家机构、社会组织以及个人从事政治、军事、经济、科学、技术、文化、宗教等活动直接形成的对国家和社会有保存价值的各种文字、图表、声像等不同形式的历史记录。文档管理是以管理规范为主，对文档进行有效管理的手段。

(1) 档案的分类。

档案分类指依据方便使用、操作简单和设置合理的原则对档案实体进行系统分类、组合、排列、编号和基本编目，使之有序化的过程。

(2) 档案的整理。

①整理原则：以时间顺序为主，以档案的重要性为辅，兼顾档案的分类。先发生的档案存档在前，后发生的档案存档在后。

②整理方法：根据使用的频率来整理文件，建立文档编号，重要且经常使用的文档应酌加副本，文件材料应按原件在前、附件在后的方式排列。

(3) 档案保管。

①保管原则：分门别类，不同存贮介质的资料应单独存放。

②保管方法：档案组卷应使用文件夹、档案盒或其他档案用具保存，这些档案用具应适当标识。案卷封面标题应简明、准确，左上角应有档案编号、档案箱号、缩微号，封面的下部应有归档单位、起止日期、保管期。

（二）管理层决策事务的参谋辅助

1. 领导思想补充剂

秘书新鲜的观点认识，通过参谋辅助对领导者的思想有所帮助。具体表现为：

(1) 审时度势。决策形成前，对形势作出分析判断，为领导提供全面、真实、充分的信息材料；

(2) 出谋划策。决策形成中，综合各方意见，按照领导意图到相关部门征求意见，进行适当修改；

(3) 辅助落实。决策形成后，通过办文、办会、办事，一旦发现问题立即向领导反馈，并积极宣传疏导；

(4) 思想整合。秘书还应及时整合领导思想成果，集结成文；总结工作得失，为日后处理类似事件保留有价值的工作经验。

2. 领导形象维护工

尽心维护领导形象。领导者作为组织的代表，其个体形象具有二重性。一方面是他个人形象的体现，另一方面又是他所代表的组织形象的体现。一旦领导者个体形象受损，他所领导的组织的形象也会大打折扣，且组织形象受损的程度甚于领导者本人形象受损的程度。因此，秘书对领导者个体形象的维护，也是对组织形象的保护。“上好礼，则民莫敢不敬；上好义，则民莫敢不服；上好信，则民莫敢不用。”维持良好的领导形象除需领导自身谨慎行事外，秘书的监督维护工作也必不可少。

参谋工作的这两种作用，有时是独立发挥，更多的时候是同时起效。参谋作用的大小，取决于问题的难易程度、解决办法的优劣、提供方式时机是否得当，这就需要运用一定的管理艺术。

三、心怀帅谋——秘书自我管理妙诀

几乎没有一个人是因为缺乏经营知识而从组织高层领导岗位跌落的，真正的原因始终是判断失误和性格问题。这就引出另一个问题，人才培养机构往往忽视判断力和性格的培养。

——沃伦·本尼斯《领导者：成功谋略》

“一专多能”是大家公认的对秘书的一种理想要求。秘书既是专家，也是杂家，上知天文地理，下懂风土民情。

秘书的主要职责是协助领导处理行政事务与日常事务，为领导决策及其实施提供服务。从某种意义上说，秘书职责行使得好坏，直接关系到领导决策的质量、管理工作的水平及工作运转效率的高低，可谓意义重大。而秘书职责行使的质量，则在很大程度上取决于秘书的个人综合素质。[①]不善于自我管理的人，不能充分合理地利用自己的时间、精力和技能。自我管理的能力是秘书之管的基础。

---

① [美] 伦西斯·利克特. 管理的新模式 [M]. 北京：中国社会科学出版社，1988.

（一）勤勉慎思——知能管理

决策者的大智指具有相当的专业知识，大慧指有智慧，也有德行，三者合一，才是大智大慧做决策。多智才能多谋，足智才能善谋。有参谋之心，无参谋之才，只能望洋兴叹。

1. 知识结构宽博性，培养策划全程的能力

秘书应具秘书复合知识结构，应有广博的知识，这样才可真正发挥出补偿和辅助的作用。高级秘书会参与领导工作的全程服务和总体研究策划。如果没有宽博知识的积累，秘书在高层次的服务中就会手足无措。宽博性不仅是书本知识素质，还应包括实践素质。

2. 知识结构中心性，培养不易被取代的专业能力

秘书知识的营建不是盲目的，应从自身出发，具有明确的中心性。秘书辅助管理，知识的广博必须与专业相结合，才会产生实际效果。只有围绕专业知识这一中心，各项知识才能得以串通，相互作用，才能发挥出最大的效益。

（二）反思冷静——情绪管理

情绪没有好坏之分，它只是人们对环境的一种反应。但在秘书工作时，稳定平和的情绪有助于工作任务顺利完成。情绪管理，就是掌握自我，及时缓解紧张的心理状态。勇于承担决策责任是危机时刻必要的情绪管理。以韩国进口美国牛肉引起民众抗议示威时，总统秘书的反应为例。韩国新政府在经过漫长的论证和商讨后，达成进口美国牛肉的协议，然而这一决策却遭到国内民众抗议示威。游行当天总统七名高级秘书集体引咎辞职，以此为备受争议的美国牛肉进口事件承担责任。首席秘书官朴佑益表示："无论辞呈是否被接受，大家都是辅佐总统的参谋，理应承担责任。"进口美国牛肉协议签署过程中，总统秘书虽只是起到辅助决策作用，但该决策引起消极影响，秘书也应承担相应责任。

（三）信用忠诚——道德管理

"德才兼备"是人们对秘书人员的基本要求，其中思想和道德素质位居于首位。上文虽提到秘书应尽力维护领导形象，但绝非要求秘书与腐败的领导沆瀣一气。在我国，也有秘书利用领导干部"身边人"的身份进行腐败的现象，利用"安排权" 弄权敛财，已逐步成为一种具有隐蔽性和欺骗性的腐败新形态。究其原因，还是因为我国有些地方秘书角色依旧官、职不分，秘书多是分享和递延了领导干部的权力。

秘书应加强自身道德管理，对领导起到监督作用，管住领导是杜绝这一现象的关键。此外，秘书在辅助决策过程中，实际存在“黑箱效应”：

图3　黑箱效应示意图

图3的“黑箱”指下属达成目标的具体过程，其中有秘书创新意识的加入，体现秘书的主动性；“输入”，即上层管理者向下属设立工作目标，秘书在充分领会领导意图后才可作出辅助决策；“输出”是对领导决策的辅助成果。这种管理艺术要求领导对下属只需管理“黑箱”两头，在黑箱转换过程中留有权力空白。除非下属遇到困难，不能完成任务，转换机制不能正常工作时，上级才会去打开“黑箱”解决问题。

“黑箱”并非暗箱操作，与制度上的监督并不矛盾。东方政治常显现交互关系中的“环链式”决策，决策双方以信任为基础，提倡“用人不疑”的领导艺术。“黑箱”的确可充分挖掘秘书潜能，但在“黑箱”转换过程中，也存在腐败现象。如韩国前总统卢武铉的总务秘书郑相文利用职务之便，在职权“黑箱”运作中敛财，影响总统声誉，同时损害了政府人事任用的公正形象。由此可知，“黑箱”留有的领导权力空白，绝非等同于监察制度的盲点，授权须谨慎，应在法制监管下将“用人不疑”与“疑人不用”相结合。秘书行使辅助管理职能时，可以探寻“绿箱”之道，即在有效监督下的策划辅助，绿化“黑箱”。因此秘书要在管理黑箱“用人不疑”中探寻“疑人不用”的监察“绿箱”。

“黑箱效应”点出了秘书之管存在的问题，提出了“绿箱”一说，实现对秘书之管进行监督和管理，从而避免出现“秘书擅权”。

四、高端前景——文武双全行政助理

在美国，秘书常常被形容为“八爪鱼”。日程安排、内勤接待、后勤服务、会议策划、公关服务、出谋献策等都属于秘书的工作范畴。正因如此，1998年“国际职业秘书协会”更名为“国际行政助理协会”，助理职能归入秘书职责范围之内，秘书协助管理作用得到认可，更有从单纯的管家型向管理型转变的趋势。

美国公共联络办主任陈远美一直专注于社区在白宫的声

音与存在，她在公共接触办与国民接触，起到上情下达的作用。因其工作卓有成效，现已晋升为总统助理，并担任第一夫人米歇尔·奥巴马的办公厅主任一职，将辅助第一夫人解决美国少年儿童肥胖的问题，制定政策拓宽军人家庭的服务工作，她被称为“白宫公关一姐”，其作用不可小觑。相较陈远美，总统贝拉克·奥巴马的新闻秘书、白宫发言人罗伯特·吉布斯更是在总统工作中起举足轻重作用的高级秘书。他不只是传统意义的总统发言人，更是奥巴马最有力的支持者，在白宫幕僚中发挥中心作用。吉布斯在总统任期内辞去发言人职务，直接导致白宫西翼人事大变动，奥巴马不得不进行政治、经济团队重组，以应对失掉得力助手的挑战。日本政治中，秘书的管理范围也很大，既是政治家的参谋，又是竞选顾问、新闻官，但秘书“管”的实质是对领导的辅助，这种辅助管理意在“助”，为分担领导责任而管；而非“利”，不是在越权得利，因此管理应做到有节适度。

秘书有从单纯的管家型向管理型转变的趋势。管理型秘书集现代秘书职业技能与职业素质于一身，具有高度执行力，在辅助领导决策的同时，也有管理团队的职能。经过授权的行政秘书具有相当的权力，他们通常是行政秘书中心的核心人物，可指导秘书们围绕领导层展开行政工作，有效地筹划组织和安排工作程序，或在领导授权下行使部分主管职能。

德鲁克认为，管理即任务、责任、实践。秘书之管也同样适用。秘书之管与其他权力部门的管不同，作为领导的助手，秘书多扮演幕后功臣的角色，承担隐性管理职能。秘书之管并非权力的攫取，而是对职责的分担，似“管”实“助”。

似“管”实“助”点出秘书之管的实质，也回应了前文提到的，秘书之“管”不是攫取权力，而是分担职责这一要义。

认“同”

——浅论秘书如何构建与领导的和谐关系

柯文彬

一、领导、秘书的概念

1. 何为领导

领导是管理学上的一个概念，其含义是指：在一定的社会组织或群体内，为实现组织预定目标，其牵头者或为首者运用法定权力和自身影响力，并通过一定的形式或方法影响组织内其他人或组织群体的行为，并将其导向组织目标的过程。凡在机关、单位、社会组织以及某项工作活动中，有管理、指挥、职权的人，皆可称为领导。领导的要素包括：有职、有权、有责。

综观人类社会发展史，在政治、军事、商业等各方面，总离不开各个层面的领导发挥的作用。各种各样的群体、组织层出不穷，对于各个群体、组织的领导而言，其职、权、责的划分、界定也越来越细化，越来越复杂。当前，我国社会也存在各种各样的民间团体、学校、企业、政府等机构，这些都是构成社会的元素。比如，对行政机构来说，从中央政府到省、市、县、镇、乡等各级地方政府，每一级政府及其内设的部门都必须有领导或领导集体；对企业来说，小企业会有企业主，大企业可能下设有分公司、子公司等，通常也会在不同层面设有董事长、总经理等领导职位；对学校来说，在大学、中学、小学甚至幼儿园等各种各样的教育机构，都会设有校长、副校长等领导职位。

2. 何为秘书

秘书是相对于领导而言的一种职务，通常也指受组织选派担任这种职务的人员。秘书直接在领导者身边工作，为领导服务，主要从事办文、办会、办事等助理性、参谋性工作。领导在指挥、带领、指导下属为实现组织目标而努力的过程中，无法独自一人完成一系列的领导活动，必须要有相应的群体、团队来协助其发挥决策、指挥、协调、激励等各方面的作用。比如，领导的决策需要有人参谋、共同研讨，提供建议和意见；作出决策之后，需要有人把决策传递、发布出去；决策需要有人去执行、落实；执行落实情况如何需要有人进行监督、检查，等等。所有这些参谋、建议、传递、发布、执行、监督、检查等职能，以及办公室日常事务管理，都属于秘书工作范畴。从事这类工作的人员及群体主要是各级领导机关的办公厅（室）工作机构体系及秘书队伍，而其中直接在领导身边工作、为领导服务的人员称为领导秘书。为方便本文的论述，本文所讲的秘书，界定为直接服务领导的秘书，是领导的参谋和助手。

秘书是辅佐服务领导机关工作的人。秘书与领导是一对互相依存的概念。秘书与领导产生了一种特殊的关系。

从某个角度讲，领导秘书更像连接领导与外界的一个桥梁，在领导的授权下发挥协调四方的作用，领导秘书与领导的关系最为复杂微妙。“从长期秘书工作实践中，我们可以看出这样一种现象：秘书工作总是围绕领导的需要和要求而进行，而展开。一般说，领导要求这样办，秘书部门和人员就这样办；领导要求那样办，秘书部门和人员就那样办。领导要求高，秘书工作就趋高；要求低就趋低，总是尽可能接近领导的这个或那个要求。随着事物和时空条件变异，领导工作需要和要求会不断变化。为了适应这种需求，秘书工作总是不断追求、改进：比较适应了，秘书工作就前进、发展一步；过一段不适应了，又追求、改进。秘书工作的机构设置、人员配备、工作方式、工作方法、工作内容等都是根据领导工作的需要而变化。因此，可以形象地把它说成是两条线：一条是领导工作的需求线；一条是秘书工作的追靠线。需求

思想理念一致，便意味着价值观的一致。然而这些说起来容易，做起来比较复杂。秘书人员自身要树立良好的价值观，主动吸取领导思想和价值观中正确有益的成分。

线高了，秘书人员就努力追靠，逐步贴近这需求线。不追靠、不贴近，绝对不行。从整体上说，这是客观规律，谁也改变不了，违反不得。需求—追靠—再需求—再追靠，就这样不断追、不断赶，构成一个不断的运动规律。秘书工作就是在这样一种矛盾推动下前进。这就是秘书工作的基本规律。”①

二、以“四同”来构建秘书与领导间的和谐关系

秘书与领导的关系是秘书工作的核心问题，做秘书工作首先要处理好秘书与领导的关系。秘书与领导的关系本质上是工作关系，但是又超越了一般的工作关系，超越了普通的上下级关系、同事关系，双方的关系最为密切，也最为特殊。秘书必须认真研究、努力弄清并掌握二者的独特关系，才能始终保持认识上的清醒和工作上的主动。秘书与领导的关系和谐度越高，秘书工作的质量和效率就会越高，工作效果就越好；反之，其工作质量和效率就会越低，效果亦不好，工作目标也难以实现②。深入研究并准确把握二者之间的复杂关系，还能够防止和纠正把秘书与领导关系庸俗化的错误倾向。秘书与领导朝夕相处，形影相随，秘书要处理好与领导的关系，关键要围绕“领导工作的需求线”，把握好“秘书工作的追靠线”，真正做到“同心、同向、同步、同频”。

“四同”总结，深得三味。

（一）同心

同心的含义就是秘书要与领导心灵相通，思想理念一致，始终做到同一条心。

思想理念一致，便意味着价值观的一致。然而这些说起来容易，做起来比较复杂。秘书人员自身要树立良好的价值观，主动吸取领导思想和价值观中正确有益的成分。

1. 秘书要对领导忠诚

忠诚是做人的基本准则，不论对从事何种事业的人来说，忠诚都是一种必需的品质，一个人如果不能做到对他从事的职业或者隶属的组织忠诚，那么他也就不会得到同事和

近期风行的小说《二号首长》，描写的就是秘书如何利用首长的权力及影响，在曲折复杂的人际关系中去应对各种情况。其中既有切中弊端之处，也有荒诞不经之事，可供大家作为个案分析。

导师点评

---

① 徐瑞新，安成信，李欣. 秘书学导论［M］. 北京：高等教育出版社，1993. 32.

② 王茜. 构建秘书与领导的和谐关系［J］. 湖南医科大学学报（社会科学版），2005（4）：79.

组织的信任，也不可能做好自己的工作。对于一个秘书来说，忠诚度的要求则更高，忠诚不仅是一种品德，更是一种能力，而且是其他所有能力的统帅与核心。缺乏忠诚，其他的能力就失去了用武之地。秘书只有忠心耿耿，尽职尽责，始终一条心服务领导、辅佐领导，才能真正得到领导的认可、信赖。

2. 秘书和领导要相互了解

秘书自始至终要以领导为中心开展工作，如果对自己的领导都不了解的话，要做好工作更是无从谈起。因此，秘书应积极主动地去了解领导，摸清领导的工作特点、工作能力、个性特点、兴趣爱好、人际关系等，从而更好地配合其工作，减少因缺乏了解而产生的困惑或不必要的矛盾，不断促进相互理解、相互适应、相互包容、相互支持，努力把秘书工作做得恰到好处。对领导个人特点的了解与把握，对于每个秘书来说都是一个永恒的主题。秘书时刻需要有一种认识、了解和把握领导各方面特点的内在动力，用心观察、用心提炼、用心总结，以争取把握工作的主动权。秘书只有真正掌握了领导的工作特点，才能默契配合，工作才有章法；才能更好地履行职责，完成好领导交给的各项任务；才能始终保持清醒的头脑，不断提高工作能力。

3. 秘书在领导授权下开展工作

我国民法上所讲的“代理”，是指代理人在代理权限范围内，以被代理人名义与第三人进行民事法律行为，从而与被代理人直接发生权利义务的行为。从这个角度而言，秘书与领导的关系可以理解为授权关系，虽然不是严格法律意义上的代理关系，但秘书必须在领导授权范围内开展工作。秘书的一言一行、一举一动往往代表着领导的形象、态度和要求，甚至还代表着基于领导职务而产生的法定权力或效力。秘书职位可能会有有限的权力，即领导对某事临时授予的处置权，以及运用灵活的措施、做法完成领导交办的工作。可

导师点评

以说，秘书有限的权力是领导权力的延伸、细化以及补充。从另一个角度看，这也反映出秘书工作的主动性、灵活性和创造性。所以秘书与领导的代理关系非常重要，秘书一定要摆正自己的位置，慎用这种代理关系，自始至终忠诚于领导。要善于从领导角度思考和处理问题，以服务领导为前提，不能以“二首长”自居，不管秘书的意见多么正确，都不能代替领导作出决定。在领导决策过程中，秘书可以提供信息，提出建议，而不能作决断。凡涉及重要事项、重大问题，必须由领导表态，秘书不能随意表态，秘书只有在领导授权的情况下才可以表态。在传达领导指示时要原原本本，如果要表明自己的看法和意见，一定要与领导的指示区别开来。

【案例1】

某企业下属单位需要购买一批设备。该企业领导的一位好朋友恰好生产该设备，得知情况后，打电话给领导秘书说，已与领导沟通好，请秘书帮忙把其产品推荐给下属单位的经理。秘书也不请示领导，直接就把领导朋友介绍给下属单位经理。

导师点评

该秘书的行为违背了“同心”的原则和要求。第一，他没有获得领导的授权，就把这件事办了，属于滥用职权；第二，他没对领导有足够的了解，不知领导是否愿意把自己的朋友介绍给下属单位；第三，秘书的这种行为还可能产生一些不可预测的不良后果，对领导的形象是一种严重的损害，无异于给领导挖了一个“火坑”。所以，碰到这种情况，秘书一定要先请示领导，不能擅自妄为。

（二）同向

同向的含义主要是指目标相同、方向一致。秘书与领导同处一个单位或机构，为了该组织的共同事业而一起努力，本身就是一种共事关系。而由于秘书直接为领导服务，秘书工作作为领导活动的组成部分，使得这种共事关系具有目标、方向的一致性。

1. 秘书是领导的管家

秘书一端连着领导，另一端连着机关、基层和外界，领导除指挥、决策之外的各种事务大多都会交给秘书去办理、联系，因此秘书是领导的“管家”，是承上启下、沟通内外、联系左右、协调四方的枢纽所在。第一，需要领导审阅、签批的所有公文都是通过秘书传递给领导，而领导的批示意见也是通过秘书直接办理或者传达给相关部门、人员办理。第二，领导需要听取下级单位汇报、到基层进行调研、走访上级单位、组织会议研究工作、参加接待应酬等等，通常都是通过秘书来联系协调、张罗安排。第三，秘书负责协调领导的日程安排，领导每天什么时间做什么事情、开什么会议、见什么客人等等，秘书最清楚；同时，秘书也应根据领导的特点和要求，合理安排好领导的活动，注意尽可能劳逸结合、科学有序，给领导留出足够的休息、锻炼、用餐、看病等方面必需的时间，还要灵活妥当地为领导打点好生活上的零碎琐事，使领导能更加集中精力来思考工作、谋划大事。对于领导不需要秘书了解或插手的事务，秘书通常也不必多问，要学会做到不该问的不问、不该说的不说、不该听的不听、不该记的不记、不该做的不做，把握好分寸。总的来说，秘书要以协助领导为第一出发点，对相关的人、事、时、地、物的掌握与安排做到面面俱全、精心细致，真正对领导负责，切实为领导分忧。

2. 秘书是领导交办任务的主动承担者

秘书就是用来辅佐、配合领导更好、更快地完成工作任务的人，是领导的左膀右臂。一方面，秘书要迅速完成领导交办的任务，特别是当领导在工作上需要秘书的时候，秘书一定要第一时间出现在领导面前，并在第一时间领悟领导的任务要领，然后在最短的时间内完成任务；另一方面，秘书还应主动向领导承揽和请示任务，任何可以协助处理的事情都应该积极承担起来，从而更好地为领导服务。

3. 秘书是领导权力的延伸和执行者

秘书是领导权力向外延伸、发生效力的第一环节。[①]当权力通过领导的命令由秘书向外传递时，秘书俨然就是领导的代言人，就是权力的阐述者，依然保存了十足的权威；同时，领导作出的决策部署、决定安排，秘书必须迅速响应、坚决执行、落实到位。在落实领导决策部署、执行领导交办工作的过程中，秘书需按领导的意图办事，积极主动地开展工作，想方设法完成任务，工作进展情况应及时向领导报告，让领导随时掌握动态。

【案例2】

一天，某市长与其秘书聊天时提到，不知分管的几个县今年经济发展怎样。秘书马上问道："这个星期要不安排到

① 徐宪江. 秘书的秘密［M］. 北京：中国法制出版社，2011.

所谓同向，是指秘书要站在领导的位置，同一方向，想领导所想，谋领导之欲谋而未及谋划之事。有时要未雨绸缪，更要有主动服务意识。这便要求秘书能够把握领导工作的中心、要点和进度，注意领导思考问题的角度，了解下面的情况和周围人的做法，在领导需要行动的时候迅速拿出方案来。案例2看似简单，实质上是平时积累的结果，与领导同向之后，再有主动服务意识，才能做到迅速、及时、周到。

导师点评

这几个县调研一下？”市长想了一下，未置可否，当时刚好还有其他事情在处理，这个话题便没有继续下去。随后的两天里，秘书悄悄地在准备着调研方案和参考资料。过了两天，市长对秘书说：“下午到A县调研，你上午安排一下。”秘书马上说：“好的，我这里已有个初步方案，请市长审阅一下。”市长没想到秘书反应这么快，连方案都准备好了，满意地点了点头。

正是由于秘书对领导的工作特点比较了解，提前做了准备，所以得到了领导的肯定，否则就会显得很被动。通常来说，领导提出要到某地调研，秘书则要深入把握调研目的和要求，合理制订调研方案，包括落实陪同人员、时间、地点、交通车辆、食宿安排等相关事项。又如，领导提出要召开某专题会议，秘书则要根据领导要求，明确会议时间、地点、通知参会人员、准备会议材料、做好会议记录、审核会议纪要、督办议定事项等。秘书在处理这些事务的过程中，关键是要明白领导通过此举要达到的目标和期望得到的效果，从而做到“同向”。具体而言，首先要像大管家一样考虑周全；其次要把握好行使职权的“度”，不能对下属提出无理的要求；再次是积极主动地承担起相关的辅助工作，确保任务完成。

（三）同步

同步的含义就是秘书要保持和领导步调一致，把握好与领导的影子关系、互补关系和伴从关系。

1. 要把握好秘书与领导的影子关系

秘书与领导朝夕相处、同步运转，在领导的工作场合总能找到秘书的身影，所以秘书往往被人们看作是领导的“影子”。由于秘书与领导的特殊关系，秘书的言行举止都会受到机关和基层干部群众的关注和评价。秘书素质的高低、形象的好坏、作风的优劣，不仅仅是个人问题，还关系到领导的形象，甚至直接影响领导的工作成效。如果秘书处处严于律己、发挥模范带头作用，对于树立领导良好的形象和威信，则有很大的促进作用；如果秘书不注意细节，产生的负面影响也不小。另外，由于这种影子关系，在应酬接待、举行会议、调研检查等场合中，尽管秘书经常会与领导同时出现，但秘书要务必保持低调，自觉地处处突出领导，绝不能去抢镜头、出风头。

2. 要把握好秘书与领导的互补关系

互补关系的含义，通俗地理解就是双方互为补充、相互依赖、相辅相成。秘书与领导的互补关系体现在方方面面：秘书为领导处理好繁杂的日常事务，使领导能集中精力研究处理重要工作，思考长远重大问题等，这是职能上的互补；领导处于高位，与群众接触的机会相对较少，而秘书通常可以较多地接触群众，了解群众呼声，掌握基层情况，这是职务上的互补；领导有丰富的人生阅历、管理经验等，可以给予秘书工作上的指导，能有效地帮助秘书全面地了解问题、分析问题，提高解决问题的能力和水平，这是知识结构与工作能力等方面的互补；领导的年龄通常比秘书要大，性格上沉稳冷静，秘书则相对年轻，处事往往欠周全，这是年龄、性格等方面的互补。处理好秘书与领导的互补关系，关键是秘书要多学习领导的长处、优点，提高自身的能力、水平，同时还要充分发挥自己的特长，积极主动地为领导分忧，超前做好服务。

3. 要把握好秘书与领导的伴从关系

秘书是领导身边的工作人员，不但在工作上形影相随，在生活上也是伴随左右、若即若离。领导是主角、主体，秘书是随从、跟班。当然，在某种意义上来说，这种生活上的伴从关系也是工作的需要，属于工作的一部分。秘书工作对领导工作的从属性质，与近年来引人注目的仆从领导理论在很大程度上有相通之处。所有组织都有自己的目标，领导的作用就是带领组织成员为实现组织目标而努力。换言之，领导也是这个组织的一名仆人，为实现组织目标而提供服务，而秘书是领导的随从，通过为领导服务的方式来达到实现组织目标的目的。领导的工作时间不但包括上班的八小时，八小时之外的很多事情也属于工作内容。比如接待宴请客人、到基层调研、参加各种活动等等，既不能只用八小时工作时间来界定，也不能简单地从工作、生活方面来区分，很多事情属于生活上的范畴，同时也是工作上的需要，是做好工作的前提条件。因此，安排好领导的日常生活，往往也是秘书工作的重要内容。

这里着重从“衣、食、住、行”四方面来进行探讨秘书如何做好领导的生活安排。一是在“衣”上，有些会议会有明确的着装要求，秘书要及时提醒领导，以免领导参会时在着装上出现尴尬；到某地调研时，秘书要及早了解该地的气温，提醒领导注意防寒保暖等，以免出现身体不适。二是在“食”上，秘书要掌握领导的饮食禁忌和口味习惯，从而在

秘书作为领导的“影子”，不能投射到屏幕上、舞台上，而要“散化”或“淡化”在聚光灯的光影之外，有时甚至是在“无影灯”下，秘书要在该出现的时候出现，不该出现的时候隐身。

伴从关系提法很好，核心是做好生活方面为领导服务的工作。在本质上不同于主仆关系。

但在这一点上，可将“伴从”与“仆从理论”结合起来。“仆从理论”指领导是服务对象的仆人，秘书是仆人的随从。

用餐前能够根据领导的口味来点菜，特别是在领导接待客人或到基层调研时，要及早知会有关工作人员，在安排用餐时加以留意，从而使领导吃得舒心。三是在“住”上，秘书也要很好地掌握领导的作息习惯与生活规律，切实安排好领导的住宿，使领导能够休息好，保持旺盛的精力和愉悦的心情。比如，领导习惯晚上十点前休息，则不能在十点后安排其他活动；领导习惯在安静的环境休息，则应该留意入住宾馆及所住房间的周边环境，不要靠近电梯、马路、娱乐场所等嘈杂的地方。四是在“行”上，也要做好周密的安排。比如，领导外出时，要让司机提前等候；在高速公路上，要提醒司机专心驾车，确保交通安全；领导出差时，要为领导选择合适时段的航班或者交通工具；领导参加某些会议时，要根据会议通知要求，提前办好参会车辆通行证，不能由于交通问题耽误领导参会。

秘书要想领导之所想，急领导之所急。

【案例3】

某钢铁集团公司要在某市投资，新建分厂，在征地过程中发生当地村民抗议、聚众闹事的流血事件，造成数人重伤。获悉事件发生后，该集团总经理立即乘车前往该市现场调查。在途中，总经理决定先行拜访该市市长进行沟通汇报，便让秘书打电话给该新建厂筹备组组长，要求其协助联系安排。该组长犹豫不决，认为此事不必向市长汇报，并向秘书建议不必去拜访市长。秘书随即向领导进行了汇报，领导听完汇报很生气，对秘书说：“我已决定去拜访市长，你只是传达我的命令，而不是去与他商量，所以你给他打电话语气要坚决，不要拖泥带水。”

此案例中，该秘书未能很好地做到与领导步调一致，所以对领导的要求把握不准，语气不够坚决。通常，秘书在传达领导的指示、命令时，必须语气果断、态度坚决，因为领导的决定通常是经过深思熟虑才作出的；如果是领导在决策某事前，需要收集资料、听取意见，让秘书征求他人意见时，秘书则应以商量、请求、谦和的语气，但也应做到干脆利落。

（四）同频

同频的含义就是指秘书与领导看问题、做事情要处于同一频道，心往一处想，沟通顺畅，配合默契，从而形成共振。秘书要不断地积累同领导合作的经验，做到准确把握和理解领导的意图和思想。要想领导所想、急领导所急，对于当前的中心工作、存在的主要问题、解决问题的切入点等要了然于心，超前主动地做好相应准备，从而真正成为领导的得力助手。

1. 要确保信息畅通

在工作上，领导与秘书虽然各司其职：领导决策，秘书配合，双方的工作着力点不同。但是，领导与秘书的工作动态要经常沟通，这样才能提高工作效率，避免工作失误。[①]一是工作常汇报。通常，领导布置的工作，秘书不能只做完就了事，还需要及时向领导汇报，因为很多工作是连续的、分阶段的，而不是单一孤立的，领导需要知道秘书是否完成了该工作，才能进行下一步工作的安排，因此每一项工作都要做到闭环管理。对秘书而言，任务没有及时完成，也必须按时反馈，以此表示自己在努力完成这项任务。秘书常向领导汇报工作，不仅有利于领导随时掌握工作进程、掌控全局，还有利于秘书随时获取领导的最新指导和建议，避免工作偏离正确的方向。二是问题常询问。秘书在接受领导布置的任务或理解某项工作时，难免会有不明之处或犯难之时，这是正常现象，但秘书绝不能不懂装懂或稀里糊涂糊弄过去，只要有问题就要咨询，保证自己更好地领会领导的意图，从而完成领导所交办的任务。秘书如果在工作上有疑问而不咨询清楚，就可能会造成更大的错误，所以遇到问题一定要敢于询问、及时请示，避免因此造成大的工作失误。三是信息多传达。秘书与领导之间的信息传达有利于领导的科学决策。秘书是领导的重要信息渠道，秘书有责任保持这个信息渠道畅通无阻。秘书要多方面搜集信息，并及时把全面、可靠且最有用的信息提供给领导，当好参谋助手。

2. 要深刻领会领导意图

秘书与领导朝夕相处，在工作、生活中的各方面会受到领导言传身教、潜移默化的影响，秘书会不自觉地模仿领导，学习领导的思想、作风和工作方法。特别是，每位领导都有自己的一套工作和生活规律，秘书必须熟悉领导的行为规律才易于领会意图，工作起来才能得心应手，收到事半功倍之效。第一，要知心。首先，领导的一举一动都是其工作意图、思想活动、情绪反应或工作习惯的必然结果，秘书对此应有一个准确的了解，能够从中体察出其“心”所在，从

① 徐宪江. 秘书的秘密［M］. 北京：中国法制出版社，2011.

而尽力同领导保持思想上的一致，成为领导的知心人，得到领导的信任。其次，要对领导者的行为作出一定的猜想、假设，对其行为可能产生的反应作出预测估计，从而正确选择参谋手段、时机和方案，达到主宾和谐协作。如果不能了解领导的心理，不能把握领导的真实意图，必然会引起领导的不满，甚至招致领导的反感，在这种情况下如何做好工作就无从谈起了。第二，要察情。对领导者的思想修养、工作方式、身体素质、文化水平、个性特点、家庭情况、社会关系以及交往人员、日常生活起居规律、饮食习惯要有全面了解，从而视情处事，形成默契。“情”是影响和谐的可变因素，从内部因素来讲，包括领导的思想修养、个性特点、身体状况等；从环境因素来讲，包括社会交际、工作烦恼、家庭情况等。这些因素之间常会因某种因素的变化而打破原来的平衡状态，这时秘书就要通过细致的工作维持这种平衡，求得各方面的和谐，从而让领导心情舒畅、精力旺盛地投入工作。第三，要适时。就是要掌握领导动机的变化规律，适时实施参谋。秘书必须了解领导的思想动机，掌握其动机的变化规律。一般领导都存有动机的兴奋点，这个兴奋点可以是对某项决策的兴趣，或者是对某个愿望的追求。所以，当秘书与领导相处久了，在“知心、察情、适时”上下足功夫，他的言行举止、工作风格会与领导越来越相似，神形趋同，言行相近，关系和谐。另外，秘书的工作水平同领导者工作的实际需要之间存在一定的差距是难免的，也是正常的，关键是秘书要善于发现差距，不断地调整和完善自我，尽可能地使差距缩小，以适应领导的工作需要，完成领导交办的各项任务。

【案例4】

某天，市长参加外商洽谈会，会议开始后，在司仪介绍来宾过程中，市长发现一位重要客人没有安排在第一排就座，而是坐在最后一排，这是会议组织方的一个重大失误，于是市长亲自过去把客人请到了第一排就座。这一幕被秘书看在眼里，他马上通知会议组织方在会议后续的所有议程中，增加这位客人的相应安排，从而避免了后续工作的尴尬。

案例中的秘书处理得很好，充分体现了与领导“同频”的要求。因为他明白领导的意图，就是救场，既然客人坐到了第一排，那么，后面所有的其议程领导必会请他作为贵宾

再者，所谓同频，首先是指领导和秘书在同一个频率上互通信息，这个管道是特殊的，带有保密性的，有时一个眼神、一句简单的话就能够会意和心解。其次是震动的频率相同，秘书的动作往往是领导动作的扩大和延伸，领导是震波之源，秘书更要注重“波之所及”。注意从这方面下功夫研究。

参加，而原来的所有议程是没有考虑到这位客人的，所以必须增加有关安排，赢得了主动。

三、注意防止秘书与领导关系中的一些“不同”倾向

秘书要处理好与领导的关系，真正做到“同心、同向、同步、同频”，绝不是那么简单，需要始终保持严谨、细致、低调、谦虚以及高度的责任心，同时还要注意时刻保持清醒冷静的头脑，努力防止出现一些“不同”倾向，也就是错误的倾向。

从历史和现实生活观察，一些秘书工作人员处理与领导的关系存在着两种错误倾向：或者抬高自己，以“二首长”自居，利用接近领导权力核心的特殊身份，发号施令，搞“秘书专政”[①]，甚至借权谋私，走向腐败；或者贬低自己，以领导的“奴仆”定位，点头哈腰于领导左右，是非不分，甚至成为领导腐败的“同盟者”。近些年揭露出来的秘书腐败案件表明，秘书腐败与领导腐败往往密不可分。秘书从领导那里寻求腐败需要的“外力”和“护身符”，领导从秘书那里寻求腐败需要的帮手。他们之间事实上形成了庸俗的互相利用的帮派关系，或者说是彼此依附的主仆关系。“前车之鉴，后事之师”，领导和秘书人员都要从中吸取深刻的教训，共同建立起反腐倡廉的有效机制。

值得注意的是，在研究秘书学的一些文章和著作中，也常见一些值得商榷的提法。有的说“秘书处于领导机构核心”“秘书位于领导机构中枢”“秘书是一个组织的中心”等；有的则说“秘书的地位卑微”，同领导的关系是“依附”关系，对领导要“像犬一样的忠诚”等。前者将秘书摆于同领导平起平坐的“中心”地位，后者则将秘书的政治人格降低到

“秘书专政”一词是毛泽东的创造。形成这种现象，首先源自领导的不作为，事事依赖秘书。“文件来了，我自己挑选重要的看，需要提点意见的，我自己动手写，从来不让秘书代劳。共产党员一要动手，二是动口。动手动口，就是要动脑筋。现在一些大官、小官，自己不动手，不动口，不动脑筋，什么事都靠秘书，听说连科长都有秘书，搞‘秘书专政’。”

---

① 李健. 红墙纪事（中册）［M］. 北京：中国言实出版社，1997. 808.

"奴仆"地位。这两者都是偏颇的、错误的，在实践中只能起到误导秘书行为的作用。

当然，秘书要构建与领导的和谐关系，还可以从不同角度总结出更多的经验和做法。以上初步探索，望能引起读者和同行们的广泛兴趣。

导师点评

持“中”

李清华

秘书工作是一种以“书、办、谋、管”①为主要职能的辅助性、服务性工作。随着知识经济时代的到来，秘书在现代决策机制和管理体制中的地位和作用已日益显现，秘书工作内容、服务对象也日益广泛和复杂。为了更好地发挥参谋助手作用，秘书除了具备良好的知识能力素养、工作技巧外，还必须具备高尚的道德品质以及智慧的为人之道、管理之道——秉承《周易》和中庸精神，守“正”持“中”，与时偕行，进退有度。

开篇总说明确。但如何持“中”的关键不在技巧、品德，而在于助手对大局情况的了解与独立的判断能力，分清大是与大非才是前提。

一、“中”之念——《周易》尚中正，儒家尚中庸

“中”即中正、中庸，是一种凝聚着几千年来中华民族智慧结晶的生存和处世哲学，在我国传统文化思想中占有重要的地位。尚中思想在先秦古籍如《诗经》、《尚书》、《左传》中都有提及，在《周易》中更是得到了全面系统的反映，后经儒家继承发扬为中庸之道后，影响更为深远。

（一）“中”的含义

“中”的甲骨文字形像旗杆，上下有旌旗和飘带，旗杆正中竖立。《说文》：“中zhōng，……从口，上下通。”《中古汉字流变》：“中zhōng，……半也，和也。”其本义是：“跟四周、上下两端的距离相等的部位”②，指一定范围内部适中的位置，如中心、当中；中又有“不偏不倚”③之意，如“执两端而用中”；中还有“正”之意，即不偏不斜，符合法则。此外，中又读zhòng，《礼》：“射矢至的曰中”，如“百发百

① 严华. 高级秘书与行政助理（第一辑）[M]. 广州：暨南大学出版社，2010.1.

② 李行健. 现代汉语规范词典 [M]. 北京：外研社，语文社，2010.1703.

③ 李行健. 现代汉语规范词典 [M]. 北京：外研社，语文社，2010.1703.

中”，意即精准；中又通“忠”，言出于心，有敬重、忠实、忠厚、无私、忠贞不二等含义。

（二）《周易》尚中正

从《周易》的卦爻看，“中”是指六爻之内卦的二爻与外卦的五爻，因为在中间，称为“中”，又称得中，象征事物守持中道，行为不偏；“正”指爻的奇数属于阳，偶数属于阴，称作“正”或“得正”或“当位”，象征事物的发展遵循正道，符合规律。阴爻处二位，阳爻处五位，则是既中且正，称之为“中正”。

《周易》推崇守持中道，行为不偏，认为事物如果要臻于完善并保持完善的状态，就必须在恰当的地位、恰当的限度、恰当的时间，在天地自然之道的正中运行，不偏不倚，既不太过，又无不及。其尚中思想主要体现在两个方面：

其一，“中”和“正”都是美与善的象征，既中且正，更是至善至美。《系辞传》有“其初难知，其上易知……二与四，同功而异位，其善不同。二多誉，四多惧……三与五，同功而异位，三多凶，五多功”之说。《周易》中，尚中正的思想俯拾皆是。例如《乾》卦的爻辞提到：“九二曰：‘见龙在田，利见大人。’”这是吉利之兆，其之所以吉，是因为“龙德而正中者也”。也就是说由于它居《乾》卦九二之中位，有“中正无偏”的龙德。而《泰》《益》《复》等卦的爻辞，多次提到“中行”，即“中道而行”。《易传》多次提及“中正”二字，清人钱大昕对此作了高度概括和评价：“《彖传》之言中者三十三，《象传》之言中者三十。其言中也，曰中正，曰时中，曰大中，曰中道，曰中行，曰行中，曰刚中，曰柔中。刚柔非中，而得中者，无咎。故尝谓六十四卦，三百八十四爻，一言以蔽之，曰中而已矣”，充分肯定了“中”在《易传》中的重要地位。

其二，《周易》充分体现了度在事物发展变化中所起的重要作用。《周易》六十四卦、三百八十四爻，每卦六爻以及卦与卦之间，处处体现着由量变到质变的过程，如乾卦六爻的潜、见、惕、跃、飞、亢，前五卦循序渐进地体现了人生理想的实现过程，直到九五大吉，但是到了上九，就物极必反，出现了“亢龙有悔”的变数；又如《泰》卦与《否》卦、《损》卦与《益》卦之间的质变。

（三）儒家尚中庸

到了春秋末期，儒家学派的创始人孔子又提出并十分重视“中庸之道”，散见于《论语》、《礼记·中庸》、《孟子》等书的记述与引用中[①]。“中庸之道”和《周易》的尚中思想是一脉相承的。后汉郑玄注《礼记》，于《中庸》篇解题说：“名曰中庸者，以其记中和之为用也。庸，用也。”据此，所谓“中庸”，就是用中或对中道的运用[②]。

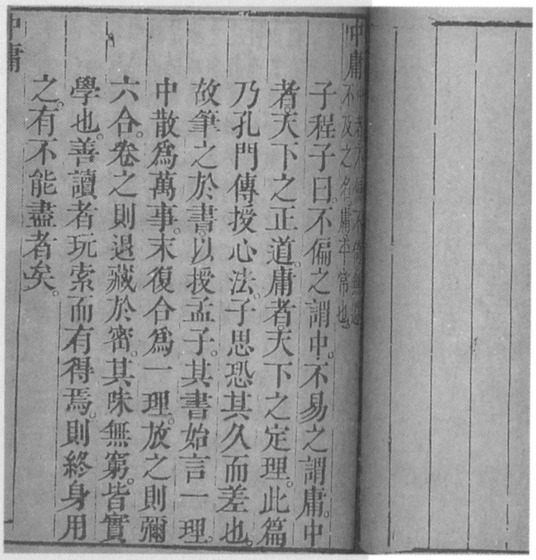

中庸

子程子曰。不偏之謂中。不易之謂庸。中者天下之正道。庸者天下之定理。此篇乃孔門傳授心法。子思恐其久而差也。故筆之於書。以授孟子。其書始言一理。中散爲萬事。末復合爲一理。放之則彌六合。卷之則退藏於密。其味無窮。皆實學也。善讀者玩索而有得焉。則終身用之。有不能盡者矣。

中庸

儒家把“中庸”看成是最高的道德标准和解决一切问题的最高智慧。《论语》中提到：“不偏之谓中，不倚之谓庸。中者，天下之正道；庸者，天下之定理。”《中庸》第一章提到：“中也者，天下之大本也；和也者，天下之达道也。致中和，天地位焉，万物育焉。”

所谓中庸，其含义大致有三：执中守正、折中致和、时中行权。执中守正就是恪守中道，坚持原则，不偏不倚，无过无不及；折中致和就是执两用中，和而不同；时中行权就是与时俱进，通权达变，随机应变。综合起来，“中庸”就是恪守中道，坚持原则，不偏不倚，无过无不及；在处理矛盾时善于执两用中，折中致和，追求中正、中和、稳定、和谐，并且随时以处中，因时制宜，与时俱进。

孔子强调“执其两端，用其中于民”，即执两用中。孔子以“过”与“不及”这两极作为参照来谈“中”，认为“过”与“不及”同样有害，都必须及时纠正。但是孔子也不是简单地抛弃两极，而是认为只有在两个极端之间反复考量，找到其中最恰当的用处，才是真正的用中。

此外，孔子还特别强调“中庸之道”与“乡愿”的根本区别。所谓乡愿，就是“同乎流俗、合乎污世，居之似忠信、行之似廉洁”（《孟子·尽心下》）的首鼠两端的伪君子。孔子认为乡愿是“德之贼”（《论语·阳货》），是“小人之中庸”，需要坚决摒弃。

从鲁迅开始，多年来“中庸之道”一直被批判。此处对被歪曲的“中庸”精神加以澄清，有利于下面论题的展开。

① 郑谦. 重新认识《周易》贵中思想的积极意义[J]. 云南社会科学，1999（4）：32.

② 郑谦. 重新认识《周易》贵中思想的积极意义[J]. 云南社会科学，1999（4）：32.

二、中之道——秘书工作“中道”

中正、中庸精神逐渐成为中国传统文化中的一个核心理念，并成为当今人们行事处世的重要原则和方法，指导着我们的社会实践。中正、中庸精神也是做好新时代的秘书工作所必须秉承的道德品质以及为人之道、管理之道。

（一）中正——守正持中，行为不偏

“正”是“中”的前提，守“正”才能持“中”。守“正”是秘书的基本素质和道德修养，是秘书做好工作的基本保证，主要包括四个方面的内容：一是要立场“正”，即“忠贞”，政治忠诚坚定，忠诚于党，忠诚于国家，忠诚于人民。这要求秘书工作人员必须具备明确的大局意识，明辨是非，杜绝首鼠两端。二是要忠于事，即忠于职守，以高尚的职业道德情操、良好的工作作风和业务修养，全情投入本职工作。这要求秘书工作人员必须具备高度的责任意识——对组织决策负责。三是要诚于人，正直真诚，不欺下媚上，以客观、公平、公正之心做好服务工作。这要求秘书工作人员必须具备正确的服务意识。四是要克于己，用高尚的思想道德品质指导自己的言行，自觉遵纪守法，艰苦奋斗，不断进取。这要求秘书工作人员必须具备严格的自律意识。

【案例1】

蒋介石手下曾有一名得力助手杨永泰，是旧政学系首领，精明干练，满腹经纶。1930年由国民党元老张群推荐给蒋介石。蒋杨相见，大有恨晚之慨。很快，杨永泰就被破格提拔为军事委员会秘书长，成了蒋介石的首席智囊。杨永泰为了迎合蒋介石，每逢向蒋汇报之时，身上中山装左右两只口袋之内，都备有正反两面的条陈。他先畅所欲言，在谈话中探察蒋介石倾向于哪一方面，然后迎合蒋介石的意见，从口袋中取出预备好的条陈，请蒋介石审阅。人们把杨永泰这一手戏称为“乾坤袋”。蒋介石得知这一秘密后，立即引起警惕之心。他尽管怜惜其才，“杨永泰为人精干，雄才大略，在我幕僚中确是一员干将”，但又告诫自己：“此人非同道，非忠于事者。久之，其心必异。”从此规定杨永泰的公文必须先送侍从处一处或二处阅核，摘要拟办后再送他批阅，以防杨永泰迷惑“圣听”。后杨永泰因擅权被蒋介石调

至湖北省主席位上，从此远离了政治中枢。①

案例中杨永泰属于有才无德之流，工于权术，而缺乏秘书最基本的职业操守——忠于事，诚于人，克于己。其失败也是咎由自取。与杨永泰截然不同的是张治中将军，他在国民党内长期身居高位、历任要职，但一直信守不对共产党放一枪一弹的承诺，真诚拥护三民主义，敢于犯颜直谏，对国民党内“群僚百工，中于明哲保身之毒，只求禄位之保持，不图事业之推展”的现象深恶痛绝，曾多次就政治、军事、经济等各种问题，当面向蒋介石提出意见，甚至发生争论，还多次上万言书给蒋介石，坚决反对内战。他的中正赢得了蒋介石的器重，更赢得了后世的称道。

（二）执中——执两用中，折中致和

执中，即执两用中，指的是做事要根据不同情况，在两个极端之间反复比较、审量，找出最适宜的解决办法，是有原则的折中致和。秘书工作以人为主要对象，人与人之间难免会产生争执与矛盾，秘书担负着沟通协调各方关系的重任。沟通协调是一门和谐的综合的艺术。在沟通协调的过程中，首先要慎“初”，先明情理，遵章守法，杜绝争辩于未萌之前；其次要治“本”，万一发生争讼，要探求矛盾产生的根源，对症下药，从根本上解决问题；再次，在解决争讼的过程中，要善于变通，坚持原则性与灵活性相结合，持中不偏、调和折中。若遇到实在非本人能解决的争端，就需要找大德大才的人来居中调和、决断。

【案例2】

某单位根据上级精神进行人事改革，要求每位在编在岗人员根据新方案申报岗位级别并提供佐证材料，经组织审查后方可定级。秘书小阳负责落实这项工作。工作一开始就引起了部分同事的反感甚至故意刁难，某中层干部尤甚，直接跑到小阳办公室拍桌子：“我们的情况组织还不清楚？当我们无事人了，正事还干不完呢！”扔下这句话和发愣的小阳，头也不回地离开了。想想事情还得办理，小阳强压火气，整理一下思绪，根据本单位近期工作安排，推测该领导是由于事务繁重而不配合。于是，小阳带上表格找到该领导：“××

① 王晓华，张庆军. 蒋介石的国事与家事［M］. 北京：团结出版社，2010.283 ~ 284，有改动.

领导，您工作忙，我理解，但改革方案是之前民主讨论确定下来的。按流程，岗位级别是由本人申报，组织审核确定的，为了不影响您的利益，也为了工作顺利开展，请您填写这张表格。如果时间太紧，您可以推迟一天交给我。”对方虽然不高兴，但最后还是填了表。

导师点评

所举例证说明的是一种方法，实际工作恐怕并没那么简单，尤其作为夹在中间的秘书，几句好话就能解决问题的机会不是每个人都能碰到的。着手调和的关键还是在于对问题存在的根源进行分析。

妥善处理平级之间、上级与下级、部门与部门、内部与外部等关系，沟通各方，协调一致，互相配合，把各项工作落到实处，是每个秘书工作人员必须掌握的基本功。在沟通协调的过程中，以和为贵，争强好胜不仅于事无补，甚至会扩大矛盾。但是，面对强硬的同事，一味妥协并不是最好的办法，有力地表达自己的观点和立场很重要。遇到上述案例中的情况，一般秘书人员可能会置之不理，也可能会以硬碰硬，但小阳采取了更优的方式：在对问题产生的根源进行分析的同时，坚持原则，方法上适当变通——在可能的范围内延迟提交时间，最终落实了工作，值得借鉴。

（三）适中——进退有度，把握分寸

适中，即适度，无“过”无“不及”，指的是在工作中把握好分寸，力争进退有度、恰到好处。秘书的进退有度主要表现在两个方面：一方面秘书在承办领导交办的工作任务、执行领导决策方面要把握分寸。因为领导的决策往往可能受情绪等各种因素的影响，出现偏差、失误。秘书受命于领导，明知不可办，又不得不办，此时，秘书人员首先要做到中正，坚守原则，站在组织角度分析问题，不办，或者办而无效，只要不误正事，待领导冷静下来后可以获得谅解。另一方面，秘书是领导的助手，在其身边进进出出，要牢记自己的角色位置，既不能动静很大，十分抢眼，也不能鬼鬼祟祟、神神秘秘。何时隐，何时现，都要恰到好处。

【案例3】

1949年毛泽东主席率代表团出访苏联，秘书陈伯达随行。一次陈伯达随毛泽东去拜会斯大林。在会见中斯大林忽然对陈伯达说：“陈教授我曾读过你的《人民公敌蒋介石》。”懂俄语的陈伯达还没等翻译译出汉语，就露出笑容，非常高兴地与斯大林对起话来。活动的中心由斯大林—毛泽东，转为斯大林—陈伯达。陈伯达大为风光，毛泽东靠了边。事后毛泽东训斥陈伯达：“你是个共产党员，是代表团成员之一，是代表党和国家来的，你应当知道自己的身份，这是政治、外交场合！”

秘书陪同领导出席重大活动，不是个人行为，一定要牢记自己的身份和位置，严守组织纪律。需要秘书有所担待的时候，秘书就要义无反顾；需要秘书暂时回避的时候，秘书就要自觉淡出公众视线。总之，秘书要有甘当“无名英雄”的心理准备，任何时候都切忌喧宾夺主。案例中陈伯达因为斯大林的一句偶尔称赞就受宠若惊，滔滔不绝地与斯大林交谈起来，这是一种“越位”的行为，秘书工作者需要引以为戒。

（四）中肯——切中要害，言必有中

中肯，指的是言论抓住要点，正中要害。在秘书工作中，中肯即准确把握事物本质，切实领会领导意图，进言献策言必有中。领导意图是领导通过各种语言或非语言方式所表达出来的主观愿望、要求、情绪或实现某一愿望的初步设想等，其核心思想和精神实质往往包含在领导批示、谈话及动作、表情等各种明示或暗示中。[①] 作为秘书人员，只有准确领会领导意图，才能正确地为领导决策提供参谋，有效地贯彻执行领导意图，真正为领导服务，当好领导的参谋和助手。要准确领会领导意图，首先必须弄清领导作出指示的前提与背景；其次还要具备独立准确地判断大局的能力；再次还要与领导建立工作上的一致性，平时多观察、多训练，使自己的领悟力符合领导的预期，形成工作默契。

【案例4】

开国大典上，毛泽东主席亲自确定鸣放28响礼炮。按照国际惯例，21响礼炮是世界上的最高礼仪。政协一届会议还专门就这个问题进行了讨论，会上有些代表对28响提出质疑，因为它与国际惯例不符。会后，毛泽东主席碰到了大会筹委会工作人员唐永健，并要求他起草一个关于礼炮28响的说明。唐永健一下子就领悟了主席的意思，二话没说，就答应了。他心里很明白：中国共产党从诞生到今天，刚好28年。28响礼炮，就是代表着中国共产党28年的奋斗历程。这不是显而易见的道理吗？很快，唐永健就简明扼要地起草了28响礼炮的报告，并递交给了主席。主席看后，十分高兴，

秘书工作当然要首先领会领导意图，现在均将这一原则作为下级工作的最高宗旨。问题是正确“领会”谈何容易？如果理解错了岂不是帮倒忙？唐永健的事例说明，要正确领会领导意图，必须弄清领导作出指示的前提与背景，否则，秘书不就成了应声虫？

① 许彩云. 正确领会领导意旨 提高秘书工作成效 [J]. 文教资料，2007（1）：209 ~ 210，有改动.

挥笔签上了名字。这份材料经转发后，人们都知道，28响礼炮就是代表着中国共产党28年的奋斗。[①]

由此可见，明确领导作出指示的背景，准确领会领导意图，从领导角度观察和思考问题，是秘书“参”到点子上、“谋”到关键处、为领导决策提供优质服务的前提。

“中”强调“不偏不倚”，也就是准确性。秘书在办文时，要准确领会领导意图，选择正确的公文文种，内容要实事求是，言辞应准确贴切，使阅读者乐于接受。

三、中之艺——“中”道在秘书工作中的实践

秘书作为领导的参谋助手，不仅需要处理大量具体的事务工作，还需要辅助领导决策和协助领导管理。因此，现代秘书工作人员不仅需要具备适应工作的良好的综合素养，还要具备灵活的思维方式和行事处世方式，在具体的秘书工作中智慧地持“中”守“正”。

（一）谈言微中提“意见”

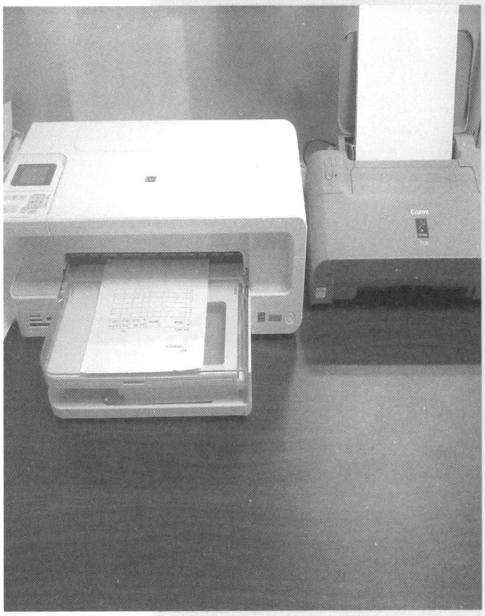

“书”即书写、记录，是秘书工作的基本内容之一，“书”的对象及成果就是公文。公文是一种应用性极强的文体，为了保证公文的严肃性，公文文种和语言都有相应的规范，在实际写作中，只要严格遵循相关规定，一般都不会出大的岔子。但是，这只是写对公文，离写好公文还有很大的差距。公文写作不是为写公文而写公文，其根本目的是要达到公文特定的效能和影响力。如何更好地将公文信息有效、准确地传递给受众，达到预期的目的，是每一个秘书工作人员在公文写作的实践中都要不断总结创新的。在具体的实践中，写好公文既离不开对全局的把握和对未来趋势的预见，也离不开对公文语言的反复推敲和巧妙运用。

【案例5】

作为基层民主生活会的主要内容，某单位下达了《关

① 开国大典28响礼炮的由来［EB/OL］. 中国礼仪网，http：//www.welcome.org.cn/libintongze/2009-8-31/kaiguoqingdian.html，2009-08-31.

于××年领导班子及成员民主生活会征求意见的通知》，要求各部门向所有在职员工征求关于对现任领导班子及成员的意见并汇总上交。某业务部门处长交代秘书小黄负责汇总本部门意见。小黄将认真汇总后的意见提交给处长审核。处长批阅过后的文件，通篇就改了两个字：将“变人治为法治”的“人治”二字改为了“管制”。小黄不由得心悦诚服。

由此可见，对上发意见，需要深思熟虑，要做到谈言微中，即委婉中肯，语气要恭敬，以一种使领导易于接受的语言提意见更能达到预期的效果。需要注意的是，上行公文的意见、请示与报告是比较相近的公文文种，如何选择就要根据行文目的来掌握，比较通行的原则是：要“软件”时写意见，要“硬件”时写请示；事前提意见、事后写报告；有主意时提意见、没主张时写报告。尽量多“请示”、多“报告”，少提意见。

“中”是“适度”的哲学。进退有度是秘书在处理事务、为人处世时应该掌握的技巧。

（二）进退适中办杂事

“办”即办文、办会、办事，是秘书职能中最庞杂、最琐碎、最基础的工作内容，其中事务性工作占了很大比例，通常所说的“打杂”大抵如此。在“办”的实践中，一定要严格遵守党的政策、国家的法律法规，实事求是，切实维护秘书工作的权威性和严肃性。比如办文，无论是发文、收文、阅文，还是文件的归档及销毁，一定要坚持实事求是、精简、高效的原则，做到及时、准确、安全。办会的时候，会场选择要适中，会场的布置要考虑会议的性质和与会人数，要适当、得体。办文、办会通常有章可循，而办事则时刻要面临不可控的新情况，坚持原则，进退适度就显得尤为重要。秘书在领导授权下办事，首先要坚持原则，明辨是非，区分办与不办——有违法律法规和社会公平正义的事情坚决不办；其次要对领导交办的事宜进行灵活处理，拿捏办的程度、分寸，特别是在领导决策失误、自己又无法及时制止的情况下，争取办而无效，比如领

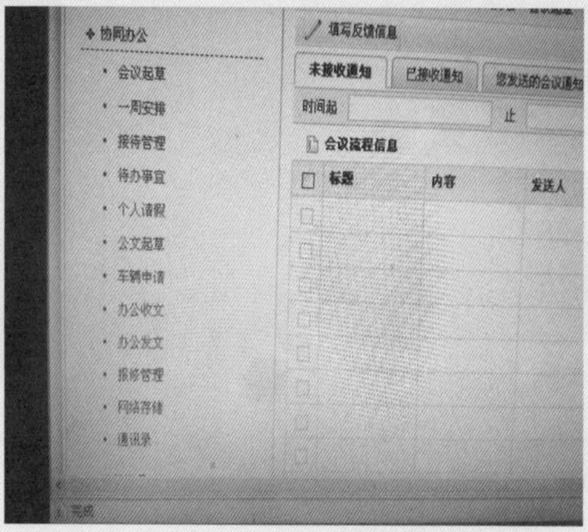

导在盛怒之下要求秘书给合作伙伴发一份解除合作关系的传真，一旦发送出去，会给双方造成重大损失，聪明的秘书会选择传真一份白纸给对方，给事情留下回旋的余地。此外，要进退有度，理顺逻辑关系，区分工作重点，秘书受权进行工作，难免要经常向领导请示、汇报，比如重大事项和超出秘书权力范围的事项，但也绝非什么事情都要向领导请示。

【案例6】

某公司正在如火如荼地进行着分公司的筹备工作，行政部更是忙得不可开交。不巧的是，某业务部门一位同事因突发性脑出血住院了，工会号召各部门捐款。行政秘书小叶向经理请示捐款事宜，经理不耐烦地说正忙，随便小叶处理，不要烦他。小叶一方面觉得经理很不近人情，另一方面寻思着，不办吧，等经理回过神来，肯定会对自己很失望，认为自己一点小事也办不好；办吧，却苦于无处着手。经过反复思考，小叶最后参照公司以前类似情况的捐款标准，组织了本部门捐款。事后，得到了经理的肯定。

秘书需要在受权范围内，坚持适度灵活的办法，处理方方面面的琐事。好的秘书，一定要知道什么该请示，什么要自己独立做决定，更不会在领导忙的时候拿对他来说并不重要的事情烦他。

（三）洞中肯綮话参谋

“谋”即谋事、策划。秘书参谋是秘书部门及秘书人员更为重要和深层的职能活动。秘书参谋的价值在于针对领导以决策为核心的高层次管理，补充、延伸和放大完善领导指挥全局的智力及能力，其作用渗透于领导的政务管理，乃至政务管理系统。[①]在此，需要特别强调的是，秘书发挥的应当是参谋助手、辅助领导决策的作用，而非参与决策。秘书的参谋助手作用体现在两个方面：一是辅助领导决策，二是在领导决策失误时进言阻止。秘书在进言献策或者纠正领导失误的时候，首先必须保持公心和忠心，坚决维护原则，坚持真理，不阿谀逢迎；其次，忠言逆耳，秘书要学会以领导喜闻乐见的方式提出意见或建议，同时绝不可显示自己比领导高明；再次，还要注意把握时机，比如在领导高兴的时候

---

① 杨锋. 秘书工作案例与分析［M］. 广州：暨南大学出版社，2010.115.

提出意见或建议，这样往往更容易被采纳。

【案例7】

某公司为了奖励员工，年底制订了一项旅游计划，办公室分到6个名额，可办公室有张秘书、刘秘书及6个业务员共8个人，大家都想去，因而要求再向经理申请两个名额。刘秘书找到经理："经理，咱们部门8个人都想去，可只有6个名额，剩余的两个人会有意见，能不能再给两个名额？"结果碰了一鼻子灰回来了。张秘书了解情况后，找到经理，几个回合对话下来，明白了给6个名额是因为经理觉得该部门有个别人工作不够积极，不安排算是提个醒。张秘书频频点头："其实我也同意您的看法，有几个人的态度与其他人相比是不够积极，不过他们可能有一些生活中的原因，这与我们在平常对他们缺乏了解，没有及时调整都有关系，责任在我。如果不让他们去，对他们打击会不会太大？这种消极因素传播开来，影响不好。公司花了这么多钱，如果因为两个名额降低了效果，那就太得不偿失了。如果公司能拿出两个名额，让他们有所感悟，促进来年改进，那么他们给公司带来的效益会远远超出这部分支出。不知道我说的有没有道理，如果公司能再考虑一下，让他们去，我会尽力与他们沟通好，帮助他们放下包袱，树立有益于公司的积极态度。您能不能再考虑一下我的建议？"第二天，公司决定增加两个名额。①

秘书要做到能参善谋，最重要的就是"得中"——站对立场，一心为公；注意时机与方式；洞中肯綮，言论能掌握问题的关键处。案例中张秘书通过与领导的沟通，明白了领导作出决策的真实原因，然后采取迂回的方式，先是表达对领导的感激，令领导感到欣慰，接着站在公司立场指出决策欠妥的地方，并给出了解决方案，打消了领导的顾虑，因而进谏成功。

（四）持中不偏搞协调

秘书工作是领导机关发挥领导职能、进行有效管理所必不可少的辅助性管理活动。秘书所处的特殊位置和工作性质，决定了其起着参与政务、管理事务、承上启下、沟通内

① 陈玉斌. 这样的秘书最受欢迎［M］. 北京：中国经济出版社，2005.2 ~ 4，有改动.

参谋辅弼"中"的艺术体现在三个方面：一是秘书作为参谋助手所体现出来的思维方式——执两用中，准确把握事物的本质；二是秘书在辅助决策中对自身位置的把握——谋而不断，到位而不越位；三是秘书既要进"忠言"，又要把握"进谏"的时机和方式。这是一个值得深入研究的论题。

外、协调各方的中枢、桥梁和纽带作用。管理和协调是秘书工作的主要内容之一，是秘书当好领导参谋助手、为领导决策服务、提高执行力、推动工作落实的重要手段。协调工作是一门学问，中国秘书学研究领域的开拓者李欣前辈对其特点作了高度概括——“一大二多三难”①：大，在于协调的事情重大，关乎领导决策、全局稳定、整体和谐和各方利益；多，即协调无处不在，无时不有；难，即众口难调又加“婆婆”林立，难上加难。做好协调工作意义重大，难度高。在协调的过程中要注意做到：立足公心，持中不偏，把握分寸，不失时机，这是秘书协调工作的基本要领。

中庸的一个重要思想是“忠恕”。“忠”是存心居中，正直不偏；“恕”就是宽恕的意思，强调将心比心，推己及人。“忠恕”有利于秘书宽厚处世，协和人物，创造和谐的人际关系。

1. 立足公心，实事求是

立足公心，按政策办事，是协调工作的立足点。秘书需要加强请示，及时跟踪、了解和反映执行中存在的问题，为领导适时调整决策提供依据。这就离不开上传下达，左右沟通。在传达领导指示和意见或汇报工作时，要实事求是，忠实原意，准确、客观、全面，不可随意引申发挥，加进自以为和领导意见一致或者带有个人感情色彩的内容。不过，忠实原意也不等于原封不动转达意见，而是需要在忠实原意的基础上适当过滤，慎重、婉转地上传下达，以免引起不必要的误会。

【案例8】

年轻的秘书小李刚到公司A部门不久，有一次他到公司B部门去协调工作，但B部门不配合，他非常生气。午餐时间，他向同桌就餐的秦秘书抱怨说：“B部门真是的，明明公司规定部门之间应该相互协调、配合，B部门嘴里说支持我们的工作，却不肯派他们的技术员过来帮忙。我非到经理那里去告他们的状不可。”秦秘书从事秘书工作很多年了，经验非常丰富，她笑眯眯地说：“年轻人，不要生气。我建议你这么向经理说：我们的工作近来进度比较紧，想请B部门的技术人员帮忙，虽然公司也有相关的规定，但是他们部门也有自己的难处，不知道经理能不能想想办法?”李秘书照办了，事情果然办得很成功。②

---

① 李欣．李欣文集（第六卷）［M］．北京：高等教育出版社，2008.126.

② 唐丽．谈秘书上传下达的艺术［J］．秘书之友，2010（9）：43，有改动.

在工作中，秘书要经常向领导汇报工作，内容也免不了涉及评价其他部门和其他人员，这种时候务必谨慎，首先要客观，立足公心，同时要善于换位思考，理解别人的难处；另外，不可掺杂私人情感和情绪，既要忠实原意又要适当过滤，对汇报的内容进行恰当的选择。案例中李秘书如果按照最初的想法去做，就是打“小报告”，B部门可能迫于领导压力，勉强接受任务，但是实际工作中又不积极配合，甚至加深部门间的矛盾。

2. 持中不偏，以理服人

在协调的过程中，利用领导的影响力是十分重要的，传达权威领导人的意见，常常能使问题迎刃而解。但这种方法只能在必要时慎重使用，尽可能少用。因为协调只是手段，其目标是和谐，而协调的主要方法是协商，应以平等的态度倾听各方意见，即便是对方错误的要求，也要考虑其中有无合理因素。否则将引发对方的对立情绪，给以后的工作制造障碍。比如当他人不愿意合作时，作为秘书，首先要冷静下来，积极主动与对方沟通，搞清楚对方不合作的原因，动之以情，晓之以理，妥善处理，不可轻易请领导“过问”。

【案例9】

某公司成立一个调研小组，对公司设在全国各地的办事处的运营情况进行摸底调查。组长小马带领从其他各部门抽调的5名组员开展工作，小马直接向行政助理汇报工作。调研进行半月有余，行政助理多次接到小马对组员小强的投诉，“罪状”是“缺乏责任心，不能按时完成调研任务”。行政助理查阅了小强已上交的调研报告，觉得其反应敏捷、思路清晰，报告的质量很高；而且从其他渠道了解到，小强除了担任调研组成员外，还得负责所在部门的日常管理工作，工作量有点超负荷。综合各方面的情况，助理一边通过与小强部门领导协调，对小强的工作内容进行了临时调整，让其专心于调研工作；一边提醒小马多关心自己的下属，

孔子提出“君子和而不同，小人同而不和”。秘书协调各方关系时，应注意并把握矛盾双方和谐统一的“度”，即矛盾双方保持相互依存关系的“分寸”，使矛盾双方处于可相互接受的地位而彼此协调，在相互联结的状态中协调发展，这也就是“中”的境界。

遇事找原因、想办法，并提醒小强遇到困难应及时反映，以免误事。

在工作中，往往会需要其他部门的同事协调配合，在这种情况下，我们需要把时间和别人的工作量这两个关键因素考虑进去，以免在不能按时完成任务的时候变得急躁，甚至怪罪其他同事不合作。案例中，行政助理通过对事实的调查，了解了下属之间不合作的原因，不偏不倚，对问题作出了妥善处理。

3. 不失时机，把握分寸

沟通协调各方关系，往往很难达成一致，这就需要捕捉时机，把握良机。若时机不成熟，勉强地去统一认识，将会形成误解或成见，扩大矛盾。但是，当不同部门急需完成同一任务，工作又难以有序展开，大家都期待解决问题时，出面理顺关系往往能取得事半功倍的效果。此外，协调对象的心情对协调效果有着重大影响，协调对象心情好的时候是协调的好时机，反之则事倍功半；但当事情紧急，不及时协调会导致严重后果时，就容不得半点耽误，最好寻求合适的人选及时出面协调。在协调的过程中，还要时刻注意说话、办事的分寸和风度，协调过程中若遇到僵持不下的情况或者蛮不讲理的人，必须沉着冷静，倘若意气用事、出言不逊、以牙还牙，只会把事情弄得更僵；协调还应留有余地，以免事情无法挽回。

【案例10】

一天早晨，某学院院长王某要外出开会，但他平时乘坐的车因故障无法使用，院办张副主任情急之下将杨副院长平时乘坐的车临时调给王院长，他想：杨副院长最近也不外出，先给院长用一下吧。张副主任送走院长，回到办公室后，正与黄主任研究当天的工作，就听到楼下传来杨副院长的斥责声："为什么用我的车！是谁决定的？这车我不坐，我不去了！"黄、张二位主任正欲下楼了解情况，秘书小马匆匆跑来报告：原来杨副院长今天要去参加教育厅的会议，事先没有告诉办公室，今早一到司机班，听说他乘坐的车临时调给了院长，很不高兴，并拒绝乘坐给他改派的车，还说不参加会议了。黄主任一听，感到问题严重，立即起身要去找杨副院长解释，张副主任拦住了他说："你是办公室的一把手，不宜首先出面，我先去向他解释，你晚一点来。"说完先走了。约过了10分钟，黄主任才来到杨副院长的办公室，看到杨副院长的表情已缓和了许多，知道张副主任的工作已经奏效，就趁势再加一把火，进行了一番自我批评："杨副院长，是我们的工作失误，影响了领导的工作，首先是我这个主任要受批评，这个教训我们一定认真吸取。刚才临时调换的车如果您觉得不合适，我们想办法再调，直到领导满意为止，您看……" 这么一来，杨副院长倒有些不好意思了："行了，就坐这辆车去吧，这件事也不能全怪你们。"

办公室作为服务部门和综合协调部门，需要协调方方面面的关系，工作被动而且复杂。本案例中的杨副院长因专车被换而大发雷霆，并声言不去开会，的确是令办公室负责人非常头疼的事情。黄、张二位主任深知自身工作的性质，面对正在气头上的上司，采用冷处理的方法，而且注意留有回旋余地：先由副主任出面，以防一开始就由黄主任介入，万一碰壁后失去继续做工作的空间。黄主任的话语也较含蓄，没有直接劝杨副院长去开会，只是婉转地说一定要调换到领导满意的车为止，言下之意是：车，由办公室解决，会议您是一定要参加的。这样做，既照顾了领导的面子，也达到了协调目的。

（五）公正不阿做服务

1985年1月全国党委秘书长、办公厅主任座谈会上，中央办公厅就以改革创新精神首次提出秘书工作应坚持"三服务"的指导思想，即为本级领导服务，为各部门和各地区服务，为人民群众服务。秘书要保持忠心与公心，切实做好"三服务"。

1. 保持忠心，为本级领导服务

秘书与领导工作上的一致性和从属性，决定了秘书与领导关系的特殊性。秘书工作人员一方面要切实提升自己的职业素养，充分了解领导，即自己的服务对象，优化与领导的关系，形成工作默契，力争"事皆称意"；另一方面，秘书要具备清醒、智慧的保护领导意识，真正保护领导的一个重要内容是以适当的方法向领导提出建议与善意的警示，避免领导因决策不周而犯错误，这才是最有价值的"忠贞"所在，也是当今助手不可缺少的责任。

2. 保持公心，为各部门和各地区服务，为人民群众服务

为本级领导服务，为各部门和各地区服务，其根本都是为人民群众服务。在实际工作中，务必保持公心，力争更好

缺乏智慧的"保护"连秘书自己也搭进去的实例如今怕不少见，当然更有因"保护"有功而青云直上的。

真正"保护领导"的一个重要内容是以适当的方法向领导提出建议与善意的警示，避免领导决策不周而犯错误，这才是最有价值的"忠贞"所在，也是当今"助手"不可少的责任。关于这一点秘书须谨记。

地为人民群众服务，是秘书服务工作的出发点和立足点。首先，在政治上清醒坚定，在思想上坦荡磊落，在作风上清正廉洁，不断提高服务水平。其次，要具备服务大局的自觉意识，坚持在大局下行动，要努力找准服务工作的切入点，增强为人民服务的主动性和自觉性。再次，要具备抵制歪风邪气的战斗性，坚持实事求是，严格按照党的原则和政策办事，敢于抵制不正之风，说公道话，做公道事。

《中庸》引孔子语云："君子之中庸也，君子而时中。"秘书对"中"的方法运用，不拘泥于一物一时，而应在最适当之时用"中"。"中"的标准是变化着的，并非以不变应万变，而是以变应万变。

四、时中行权，与时偕行

"时"与"中"，是《周易》指导人的行为的两个概念，也是秘书必须具备的职业智慧。"时"指的是与时势一致，要求人"时行时止"。"时中"原则是儒家思想的重要思想精髓，主要有两方面的含义：一是要"合乎时宜"，二是要"随时变通"。"时"与"中"是相辅相成的关系，互为前提，互相依存。

首先，"时"是"中"的前提，同样的言行，在不同的时间、场合下，将会产生不同的实际效果。一个人的言行，即使出发点再好，要取得良好的实效，还得遵守"合乎时宜"和"随时变通"的原则。比如，在秘书工作中，协调要把握时机，请示要把握时机，进谏要把握时机……

其次，"中"也是"时"的前提。"时"具有不以人的意志为转移的客观性，但可以认识、了解和运用。人一方面要尊重"时"的客观存在，另一方面要发挥主观能动作用，识"时"之义，知"时"之行，观"时"之变，用"时"之机。但是如何才能做到这四"时"呢？主要在于"知机"，也就是在事物发展的萌芽阶段就准确地分析它的趋势，把握住极其微妙的"时机"。这就需要以"中"为指导，保持客观公正的立场，精准地洞察事物发展变化的细微前兆，根据时机的变化调整自己的行为，待时而动。[①]比如说，秘书工作人员在筹办大型会议或活动时，往往需要对整

① 祖行. 图解易经［M］. 西安：陕西师范大学出版社，2010.34.

个过程中可能出现的突发情况做一个设想，并据此拟出相应的应急措施，以备不时之需。

由此可见，在秘书工作实践中，要坚持“中”道，就必须把握时机，与时偕行，进退有度。

综上所述，秘书工作人员要切实做好秘书工作，发挥参谋助手作用，必须中正为人——站对立场、忠于事、诚于人、克于己；执中处事——执两用中、折中致和；适中行事——进退有度，把握分寸；准确领会领导意图，言必有中；掌握“时中”智慧，时进则进，时退则退，时止则止，主动地适应、创造性地顺应工作环境和内容。

论文观点明确、内容充实、材料丰富，是一篇值得推荐的作品。

识“时”

胡仿妮

在“时、空、体、意、道、果、数”七重境相中，“时”居之首。时随天转，识时者，可察天。

秘书，没有多少时间是属于自己的。因此，识时之要是惜时。

我国的先人们特别注重对“时”的研究，最熟悉的例子就是不违农时。被誉为“群经之首，大道之源”的《易经》，是中华民族古代智慧的结晶，它凝聚了中国古代哲人们对宇宙人生的思索，孕育了丰富的中华民族文化。《易经》的思想博大精深，它蕴含着丰富变化的哲理，透过历史的迷雾，焕发出了强大的生命力。《易经》之“易”有简易、变易与不易之三易。《易经》对变易的考察，更是集中体现在对“时”的探讨上。北宋著名易学家程颐在《二程遗书》中指出：“观《易》须看时。”①“时”是《易经》中一个极其重要的观念，历代治易者无不给予充分重视，围绕着对“时”的探讨，形成了“时”的哲学。本文将就《易经》对“时”的阐释，探讨秘书工作中“时”的特点以及如何在“书、办、谋、管”中把握“时”的艺术。

一、“时”之印象——《易经》探“时”

《易经》里的“时”通常被解释为时间、时机。

《易经》特别强调做任何事情都要关注时间和位置的变化。《易经》需卦彖曰：“需，须也。险在前也，刚健而不陷，其义不困穷矣。需，有孚，光亨。贞吉。位乎天位，以

① （北宋）程颢，程颐. 二程遗书［M］. 上海：上海古籍出版社，2000.63.

正中也。利涉大川，往有功也。”“须”是待，要等待条件成熟才可以行动。[①]需卦的主旨在于等待时机，它强调了两点：一是在等待中应该保持良好的品质；二是在等待中应该泰然处之，不要急于求成。

《易经》艮卦彖有“时止则止，时行则行，动静不失其时”之说，意思是，该停止就停止，该行动就要行动，动与静都没有错过时机，他的道路就会坦荡光明。[②]因此，要认清自己，把握时机，练就一副好本领。在事态没有明朗之前，无论外界的压力多大，都不要轻易采取行动，应该坚守信念，养精蓄锐，等待有利的时机，这样才能取得成功。

秘书之“时”与时间、时机密不可分。如果说秘书的基本素质是决定成绩的杠杆，那么识别时机、把握时机就是这一杠杆的有力支点。尤其是时机，秘书在工作中要把握好火候和度，要学会等待属于自己的时机，等机会来临时要闻“机”而动，迅速、果断地抓住最佳时机，不要优柔寡断，错失良机，同时也要有足够的能力抓住它。

《易经》乾卦有：“初九。潜龙勿用。”[③]这句话既有做好充分准备的意思，也有蓄势待发的含义。这对秘书有极大的启发作用，应该深入地去理解和应用。凡事预则立，不预则废，机遇往往偏爱有准备的人，作为秘书更要懂得这一点。但是要注意“勿用”，而不是“不用”，如果理解为在“潜龙”的时候则不能用，那就错了。“勿”与“不”是有区别的，“勿”其实含有要的意思，“勿用”就是站在不用的立场上来用。

【案例1】

三国时期的名士诸葛亮，自号卧龙，常自比管仲、乐毅，有经天纬地之才、定国安邦之策。他隐居南阳，躬耕陇亩，胸怀大志，并非无意于功名，只是想等待时机，伺机而起，得遇明主。他博览群书，仰观政治风云，通晓天下之形势；结交南阳名士，为走出隆中作了充分的准备。后来一代明主刘备三顾茅庐，诸葛亮为刘备分析天下形势，提出著名的隆中对策，使刘备折服感叹：“孤之有孔明，犹鱼之有水也！”最终，诸葛亮辅佐刘备成就了一番霸业。他的这种等待时机的例子也被传为千古美谈。

---

① 傅佩荣. 傅佩荣解读易经［M］. 北京：线装书局，2006.52 ~ 53.
② 傅佩荣. 傅佩荣解读易经［M］. 北京：线装书局，2006.52 ~ 53.
③ 傅佩荣. 傅佩荣解读易经［M］. 北京：线装书局，2006.2.

时机只为识时而有备者提供。有的人做领导秘书时间不长，就希望领导关照升迁，结果领导只能勉为其难，用其所能了解到的一部分能力，结果反而失去了更好更大的机会。

其实，诸葛亮的隐居是醉翁之意不在酒，他并非想以此终老，隐只是一种手段，他等的不仅是明主，而且是一个对他能委以重任、加以重用并且能专用的明主。在等待的过程中，他真正做到了“潜龙勿用”，等见到明主时自己积聚的才能得以施展。所以在得见刘备以后，他倾其所有，以一篇《隆中对》的战略思想使刘备折服。至此刘备才把自己胸中多年来模糊的想法一一廓清，而且通过这次谈话，感性地领略了诸葛亮非凡的才学和远大的见识，遂生出相见恨晚之情，于是二人一拍即合，成为千百年来君臣相合的典范。由此可见，做好充分准备，等待有益时机对于成功来说是多么不可或缺的一个因素。

二、秘书“时”的特点

（一）“时”的不可确定性

秘书的时间是不受自己支配的，工作时间也并无严格限定。有人认为8小时上班时间属于别人，8小时之外都属于自己。这样一来，就不自觉地完全把自己从工作状态中释放出来，同时无形中会给自己的工作带来很大的困扰。从秘书的工作性质来看，秘书的时间主体并不完全是其自身，应以领导的时间为主导，对时间的掌控要随着领导的时间随时进行调整和变动。秘书加班是常态，也是工作的需要，不能认为自己的工作时间只有8个小时。很多突发的事件也许往往就发生在8小时以外，并且需要及时处理。因此，秘书的工作时间是不受自己支配，也没有严格限定的。

【案例2】

EMC中国区的总裁晚上回办公室拿东西，到了门口才发现没带钥匙，而这时他的秘书已经下班了。他很生气，在第二天凌晨给秘书发了一封措辞非常严厉而且语气相当不客气的“谴责信”。信的大概意思是秘书必须跟服务的每一位经理都确认无事后才能离开办公室，不能擅自做决定。秘书回信更加犀利，不仅指责了总裁的说话态度，而且还坚定表明自己的立场，认为总裁无权干涉和控制她的私人时间，她一天就8小时工作时间，中午和晚上下班的时间都是她的私人时间，她还说如果要求她加班是为了工作以外的事情，她无法做到。最后她把回信抄送很多份，发给分公司的很多领

知“事”知“时”，百战百胜。

有时还需要提前提醒领导开会时间和注意事项。

导看。①

这个秘书被称作“史上最牛女秘书”，曾一度引发了人们的热议。社会各界对这个女秘书的评价也各执一词。按照她的说法，下班时间全由自己支配，任何与工作无关的事情均与她无关。可是她忘记了作为秘书，工作应时刻以领导的需要为出发点和落脚点，时间的安排更不能完全隔离领导，要时刻处于领导“随叫随到”的服务状态，要时刻做好投入到工作中的准备，而不能以此作为工作失职的借口。从时间角度看，这个女秘书的做法是欠妥的。

（二）“时”的内涵的广阔性

1. 先时

先时，也即所谓的“超前思维”，是指在事情发生之前做好准备，未雨绸缪。《易经》大蓄卦云：“童牛之牿，元吉。”这句话的意思是，给头上尚未长角的小牛预先装上一块横木，以防止它长出角后顶人。《易经》的这一卦可谓是“大吉大利”，因为能够防患于未然，有预见性的眼光，是一件可喜的事情。② “时”在秘书工作中非常重要，如会议的提前准备；最新信息的获得；先进知识的学习；陪同领导出差时要预先确定好目标（选好有代表性的地点），做好日程安排（具体到每个阶段），准备好资料（包括当地经济发展状况和领导讲话材料）等，这些都需要秘书提前做好准备，总之，要想领导所未想。

做到“先时”，培养超前思维不仅表现在对各项工作的协调、安排和处理上要有主动性和预见性，更体现在对自身的提升要有主动性。我们所处的现代社会是一个信息高速发展和不断丰富的社会，随着全球化程度的加深，国际间交往

---

① 陈健.“史上最牛女秘书”轰动外企圈 秘书反击信曝光［N/OL］. 南方都市报，http://it.people.com.cn/GB/42891/42893/4334387.html，2006-04-27.

② 李娟. 易经智慧全集［M］. 北京：群言出版社，2007.167.

的日益密切，要适应经济社会发展的突飞猛进和工作业务上的瞬息变化，更好地为领导提供“耳目喉舌”和“参谋决策”的服务，秘书就不能仅满足于写写文件，而应眼界向外，主动吸取各方面的知识。如随着办公自动化以及媒体应用的广泛化，秘书应注意学习并掌握先进的知识与技术、技能，更新自己的知识库；国与国之间的交流日益密切，掌握外语也是一项基本技能。因此，从秘书个人的角度来说，既要注重培养自身的专业素质，又要积极与国际社会接轨，真正做到内外兼优、与时俱进。

2. 准时

准时，顾名思义就是准点，例如几点会见什么人，几点参加什么会议，几点到什么地方去等，这些都要求秘书在规定的时间点把某件事做好。然而，相对于其他工作职位来说，秘书的准时并非仅仅只满足于准点，在工作中真正地做到准时，就必须用先时来保证。

秘书应根据领导交代的任务，督促落实和检查会场的布置，而不是亲力亲为。

【案例3】

某公司老板要出国公干，且要在一个国际性的商务会议上发表演说。老板要求各个部门分头收集相关的材料，然后在规定的时间内准时汇总到他这里，因为要搜集的资料特别多，相关人员都忙得头晕眼花，也没有问彼此的进度。到老板出国的那天，老板问负责写英语演讲稿的秘书：“你负责的文件打印好了没有？”秘书回答说：“我把资料搜集好，觉得还有时间就先做其他的事情了。我想我负责的文件是用英文撰写的，您看不懂英文，应该不会在飞机上看，所以想等您上了飞机后，再回公司把文件打印好传真过去。”老板当时就脸色大变：“你是怎么做事情的，我打算利用飞机上的时间和几名外籍专家研究一下自己的报告和数据！”此时秘书脸色一片惨白，不知道该说什么。

案例中的秘书不仅没有在规定的时间内准时完成工作，甚至都没有把老板交代给自己的工作做完。因此，要引起注意的是，作为秘书，对老板交代的工作，一定要“先时”和“准时”的思想认识，要在第一时间内进行处理，时刻要有“把工作完成在昨天”的工作理念，这里的“昨天”并不是真正意义上的昨天，而是我们要在规定的时间之前做好相关的工作。

3. 及时

对于“及时”，《易经》临卦云：“元亨，利贞。至于八月有凶。”临，从高视下之意。因为发生事端，然后才可以有大的发展，所以不能等待，应积极参与。有督促立即行动，战胜拖沓的意思。[①] 先人很早就知道及时的重要性，同样“及时”在秘书工作中也发挥着非常重要的作用。由于秘书工作的特殊性以及所处地位的特殊性，这就要求秘书遇到问题要把握好“及时”的原则，及时反映情况，及时做好对上对下的沟通，尤其是上下级之间，矛盾问题的处理非常重要。

领导的一些决定通常是通过秘书传达到各个部门的，当领导作出一个涉及员工利益的决定时，员工通常会把自己的抱怨和不满冲着秘书去发泄，这时秘书要及时处理好这些关系，既不能损害领导的形象，也不能影响员工的工作热情。

现代社会是一个瞬息变化的信息化社会，信息更新的速度非常快。作为领导的秘书要及时掌握最新信息，从而在工作中形成独到而有预见性的见解。尤其是对于一些社会普遍关注的焦点信息，不能等到媒体大肆报道了才后知后觉，而要积极利用各种渠道，及时掌握最新的信息，这样就能为解决即将到来的问题争取时间、赢得主动。

三、“时”与“书、办、谋、管”之关系

秘书“时”的艺术有着广阔的外延，秘书之“时”并不是在工作中单独存在的，而是一直贯穿于秘书工作的“书”“办”、“谋”、“管”等职能之中。“书”、“办”、“谋”“管”，秘书在行使这些职能时，应该强化“时”的观念，需要把握“时”的艺术，即及时、准时、适时地去完成这些工作。下面将分点论述“时”与这四个方面的关系，进而使秘书在工作中更好地把握“时”的艺术。

在当今时代，还要花点时间关注微博个媒的信息，善于筛选有用资讯、捕捉敏感话题、把握真实民意，提供给领导参阅。

① 郑元森. 易经的哲学与智慧［M］. 北京：中国旅游出版社，2005.74.

(一) “时”与“书”的关系

“书”，即书写、记录，是秘书必备的基本技能。书写主要指替领导者撰写发言稿；记录主要是会议记录。书写、记录与“时”有着非常紧密的关系。首先，为领导者撰写的发言稿是一定要在预定的时间内及时把发言稿送到领导手上的，这个预计的时间可以由秘书根据不同领导的实际情况而定。有的领导偏向于在发言前先亲自审阅发言稿，并给秘书提出修改意见，这样秘书就有足够的时间去修改、完善，而不要等到会议即将开始时才把稿子交到领导手里，让人措手不及。其次，会议记录里体现的“时”，是要及时记录会议的内容，并把会议记录在规定的时间里送到与会人员的手上，以便与会人员更好地学习、贯彻会议精神。

【案例4】

某机关的陈秘书专门负责领导发言稿的撰写，尤其在写年终总结报告方面有着非常丰富的经验，他写的稿子时常得到大家的一致认可。快到年终时，好多别的部门的秘书请他代写领导的发言稿，他也不好推辞就全都答应了。当时他已经把自己领导的发言稿写好，心想反正写好了就先放着，等过几天再给领导看，然后就忙着替同事写。此时的领导非常忙，有好多事情要处理，也忘记了问陈秘书发言稿的事情。等到开会的那天陈秘书才想起来发言稿事先没让领导审阅，熟悉一下内容，可是会议即将开始，时间已经来不及了，他就把注意事项标在需要注意的位置。领导就直接按稿子读，读到标注的地方时，领导停下来了，他看到添加了一行字，以为是秘书新补充的内容就直接念了出来。当时陈秘书在下面出了一身冷汗，他那行字写的是：“此处解释见讲稿背面。”领导直接把这句话读出来了，下面的与会人员顿时哄堂大笑。领导当时脸就红了，会后严厉地批评了陈秘书。

案例中的陈秘书没有妥善处理好“书”与“时”的关系，其正确做法应该在写完发言稿后及时送到领导手中，留出足够的时间供领导熟悉审阅，期间指出发言稿的不足之处，秘书便有足够的时间按照领导的思路进行修改，这样领导和秘书都掌握了主动权，而不至于出现案例中的纰漏，让领导下不了台。

(二) “时”与“办”的关系

“办”，即办文、办会与办事。办文，大部分从事的是书写记录的工作。办会，顾名思义是做一些与会议有关的工作，如会议的准备、安排等。办事，分为常规事务和领导交办的事务。这里着重谈一下“时”在办会中的重要性。办会最基本的要求是会议必须在规定的时间准时开始，在开始之前要做一些前期的准备，这是利用先时的艺术。会议成功与否和先前的准备有着非常重要的关系。作为秘书，通常要早于指定时间20～30分钟到达会场。在这段时间里，秘书不能单纯地无聊等待，而是全方位地思考一下，还有哪些内容需要再细化，做得更到位，及时查漏补缺。所以，对于秘书而言，“先时”是比“准时”更优秀的品质。

【案例5】

一个有名培训机构的董事长到广州分公司视察，她让秘书小王通知第二天9点开会。小王8点50分来到会场，突然想起来因为早上开会，领导可能还没有吃早饭，于是她匆忙去楼下买了杯咖啡，等她回到会场已经8点58分了，领导和其他员工已经来了，这时她才注意到会议室的座位还没有来得及布置，慌忙之中又把咖啡弄洒了。可想而知当时领导的脸色以及此次会议的进程有多糟。

案例中的小王没有科学地安排好时间，导致她犯下“捡了芝麻丢西瓜”这样的错误。作为秘书，一定要在会议开始前到会场，事无巨细地布置好会场，做好相关的会前准备，确保万无一失。凡事预则立，提前做好充足准备，用秘书的先时来保证会议的准时。

（三）“时”与“谋”的关系

“谋”，即谋事与参谋，这对秘书的素质有着很高的要求。秘书扮演的角色不仅仅是领导命令的执行者，还要充分发挥主观能动性，积极发挥参谋助手的作用。领导作为一个普通人，不一定凡事都考虑得很周全，也会有判断出现偏差的时候。另外，有时领导面临重大决策难免会犹豫不决，需要听听别人的意见，秘书是领导身边最近的人，领导会第一时间想到秘书。如果是性格温和的领导，有时比较容易采纳秘书的建议；而如果领导性格比较暴躁，觉得秘书提建议就是冒犯他的权威，这就需要秘书在提建议的时候，注意把握好火候和适时的原则，在适当的时候提出自己的建议，抓住最好的时机去表达。另外，与适时密切相联系的是延时，秘书把握适时的时候需要注意延时的技巧，使这两个方面相得益彰。

无论是“书”、“办”，还是“谋”、“管”，对于一名优秀的秘书来说，不仅要在工作实施过程中想得周全，更要学会瞻前顾后地思量各个工作环节，随机应变，增强自身对未知事件的处理能力。这样才能胸有成竹地执行各项任务，在自身进退中留有余地，在领导指挥、决策之中提供便利。

【案例6】

北京有一家公司参加广州地铁建设的竞标，领导对这个工程非常重视，跟踪了好几个月。后来广州这边三番五次地更改方案，公司领导对此非常生气，当即让秘书发邮件退出此工程。秘书心想这个工程对公司来说非常重要，全体员工为此付出了很多努力，如果现在放弃了，对公司的损失很大，所以秘书没有按领导的指示立刻去发邮件。第二天，广州方面同意把这个工程给这家公司负责，领导当时觉得有点不可思议，因为他明明已经让秘书发了退出这个工程的邮件。后来秘书说没有发这封邮件，而是想等领导平静了之后再请示要不要发，就在这时接到了好消息。领导事后对秘书只说了两个字："谢谢！"不久这个秘书就得到了晋升。

通过案例可以看出，秘书虽没有立即执行领导的命令，但真正地发挥了领导的参谋助手作用，替领导作了正确的决定。这位秘书利用了延时的策略，取得了很好的结果。

（四）"时"与"管"的关系

"管"，即协助管理。对于秘书来说，在所有"管"与"时"相关的工作中，最基本的是如何安排并合理利用好时间。很多人认为秘书是一个时间管理者，却殊不知时间与秘书工作有着更深层次的联系。秘书不仅仅是自己的时间管理者，同时也必须为领导管理好时间。可以说，安排好自己的工作时间和做好领导工作日程安排是秘书的一项很重要的工作。

时间安排得合理与否，有时直接影响到工作的成效，因此秘书要充分合理地做好安排时间方面的工作。首先，要优先、系统地规划好可控时间，即事先计划好必做事项的时间；尽量减少不可控时间，即处理发生意料之外的紧急情况的时间。无论如何，秘书要尽力争取支配时间的主动权，这样就不会在工作中处于被动地位。秘书应该根据轻重缓急，把工作时间按以下四类进行分配：一是重要且紧急的——必须立刻做；二是紧急但不重要的——只有在优先考虑了重要的事情后，再来考虑这类事；三是重要但不紧急的——只要是没有前一类事的，应该当成紧急的事情去做，而不是拖延；四是既不紧急也不重要的——有时间再考虑。

另外，秘书在安排时间时，也要考虑把工作的一部分授权给别人，这样可以在很大程度上提高工作效率，在有效的时间里集中精力完成最主要的部分。在考虑工作可否授权与他人时，大致可以分为三类：第一类工作是自己可以完成同时别人也可以完成时，要果断地交给别人；第二类是必须自己完成时，要集中精力和时间去做；第三类是别人做的结果比自己好或者别人更适合做时，要毫不犹豫地授权给合适的人。

人的一生做不了很多事，用有限的时间做该做的事。就算有时间，也绝不做不该做的事，管它是轻重还是缓急。

四、结语

综上所述，秘书之“时”有着丰富的内涵，包括时间、时机、准时、适时、先时与及时等方面的内容，其中每一个方面在秘书“书、办、谋、管”工作职能中都发挥着重要的作用，可以说一直贯穿秘书工作的始终。因此，在工作中要把握好“时”的艺术，妥善安排，充分发挥好“时”的内涵、外延，同时，要紧跟时代步伐，把握好秘书工作之“时”，与时俱进地学习最新知识，切实当好领导的参谋助手，更好地胜任自己的岗位。

识时以适事，适事皆示人；人事都圆满，方为识“时”人。

究“效”

陈丽婷

秘书工作需要当机立断，处理的事情多，内容变化快，一心多用的情况经常出现；工作繁琐且复杂，对组织内部人、事、时、地、物的掌握与安排都必须仔细且周到。秘书人员的办事能力与完成任务的质量，会直接影响领导者的工作效率与绩效表现。秘书不是在舞台上表演的角色，不具有实际的主导与决策权，但秘书是幕后工作者，对领导和单位的经营成果有着相当关键的影响，因此，工作做得是否到位显得尤为重要。要做好如此细微复杂的秘书工作，需要事事讲究“效”，时时追寻“效”。

一、秘书工作之“效”

秘书工作的范围十分广泛，秘书既是业务人员，也是管理人员。可以说，秘书自身的素质及工作成效直接影响整个部门或机构的形象及竞争力。以“效”引领工作，突显“效”的功用，是秘书工作的重要要求。

（一）效率

经济学上的效率指单位时间内完成的工作量，或劳动的效果与劳动量的比率，或者说，效率是投入除以产出的比率。①

① 马红光. 技术经济学［M］. 北京：科学出版社，2007.

本文选题有新意，对秘书工作人员有参考借鉴意义。对秘书工作“效”的多重含义进行阐述，论说提升秘书之效的原则和影响秘书之效的因素，并就如何提高秘书之效提出自己的见解，显见作者在这方面是作了较为深入的思考的，对秘书工作人员有参考借鉴意义。

效率就是生命，运用在秘书工作当中，就是如何在有限的时间内实现最大的绩效，这既是服务领导的重要内容，也是秘书协调能力的具体表现。

可以从两个方面来理解：第一，秘书是否在规定的时间内完成了领导交办的任务和规定的目标；第二，在一项具体的工作中，秘书完成工作所投入的时间和精力是否取得了领导或自己期望的效果。

秘书部门办事效率高，对克服机关的官僚主义作风具有重要意义。秘书部门的工作效率，主要体现在办文、办会、办事的速度上。如果秘书在工作中拖拉延误，不讲究效率，领导交代的文稿撰写任务不能如期完成，应该及时传递的信息无法传递，筹办的会议不能如期开办，就会打乱领导的工作计划，使工作由主动变为被动，会给各部门带来损失。以下是具体的案例。

【案例1】

张萧是某市基建处新来的秘书，刚一上任，处长便让他负责管理处里的办公资源。一接手他就把处里的日常用品、办公用品、办公家具、各类设备、车辆等的数量、现状和使用情况作了细致的调查并分类单独建档，还将这些档案输入电脑。在很短的时间里，张秘书就实现了处里的办公资源信息化，数据信息化能使办公资源更有效地调配，防止重复购买物品，还能更快、更准确地了解办公资源的使用情况，各部门在使用资源时也不会相互冲突，不会影响工作进度。

案例中张秘书有条不紊地整理了处里原本凌乱的资源数据，便于更好地管理这些资源，实现资源信息化，这样既能提高办公资源的利用效率，同时也间接提高了其他部门的工作效率。

（二）效果

效果指工作质量，即任务的完成是否达到预期的结果，包括有效、无效、正效、负效、高效、低效等。效果与领导

秘书工作的效率是由多方面因素决定的，比如办公室内部管理水平，整个机关的工作作风等等。但是，最重要的一个方面是秘书人员要提高自身能力、树立效率观念，这样才能在日常工作中时刻保持较高的工作效率。

对秘书工作的满意程度直接相关。

所有领导看重的都是任务完成的结果而不是过程，在得出有效结果前的所有工作，都是为结果而服务的。

事事确保准确无误是对秘书工作质量的要求。秘书的许多工作跟领导的决策指挥直接相关，任何细微的差错都可能造成意想不到的后果。秘书做会议记录时，如果听错、记错一句关键的话，就会留下错误的原始记录。秘书在传达领导指示时，必须准确无误，否则可能造成严重后果。秘书在整理调查材料和加工处理信息时，必须仔细核对每项重要数据。秘书甚至在接电话、接待等工作中，也必须做到准确。譬如，接电话时传错了名字，或听错了会议的时间等，都会造成不良的影响，影响工作质量。

【案例2】

舒漾在香港一家贸易公司当总经理秘书，公司与欧洲一个大客户经过长时间的谈判，最终对方邀请总经理过去签订合作协议。总经理让舒漾通知张副总与他一起前往，因为该项目一直由张副总承办。可张副总请假不在公司。总经理临上飞机前打电话告诉舒漾，务必通知张副总3日内赶到对方公司总部一起签协议，但舒漾误听成13日内赶过去。两天后，等到总经理打电话询问张副总飞机到达的时间，舒漾才发现听错了，可是此时再通知张副总已经来不及了。

舒漾的错误在于没有有效地倾听，准确地记录。对于重要信息没有复述一遍让总经理确认，以致造成重大失误，不能有效完成领导交办的任务，给领导工作带来很大的困扰，使其变得被动。

（三）效益

效益指效率与效果之和，即以尽量少的劳动耗费取得尽量多的经营效果，或者以同等的劳动耗费取得更多的经营效果。

秘书工作虽然不直接产生效益，却会直接影响单位的效益。因此，秘书工作的价值取向必须符合事业公利、组织公利，必须以组织管理效益和领导工作效益作为出发点，提高效益意识。

秘书的参谋咨询、辅助决策，其效益通过领导层的管理效益、决策效益来体现。秘书的沟通协调、管理事务的效益则通过其服务对象的工作效益来体现。通过秘书的职能工作，协助其他人员的工作和组织的运转，达到实现整体效益的目的。

【案例3】

小何在香港一家日用品公司当秘书，在社会经济低迷的影响下，原本已不太景气的日用品市场更陷危机，总经理要求销售部门主管提交一份提高公司营业额的方案。主管要求小何整理材料，起草一份方案。小何通过详细的调查研究，对日用品市场需求作了详尽的比较。针对公司当前的形势，结合各方面的资料，得出销售牙膏是一项投资小而利润高的经营项目的结论。资料收集完后，他附上自己的建议一起送到主管处，并作了补充和说明以帮助主管决策。最后，小何的意见被采纳，主管上报总经理处，总经理同意执行此方案。年终销售报表显示，此项目为公司挣得50万元利润，大大提高了公司的营业额。

案例中，小何起的作用只是辅助主管起草方案，小何所做的结论仅供主管参考，最终有决策权的还是主管。公司的盈利，总经理会归功于主管，而不是小何，但是如果没有小何所做的辅助，公司有可能达不到这样的业绩。

（四）效能

效能指作用、效用。“效”是客观，“能”是主观，要发挥“能”的主观性，才能有“效”这个客观性，“能”是“效”的前提和基础。秘书在机关单位里发挥的效能就像是桥梁，认清这个事实，有利于工作的开展。

秘书处于单位的枢纽地位，起着下情上传、上情下达、沟通左右、协调内外的桥梁作用，同时也要为机关单位工作的正常运作提供后勤保障服务；秘书还承担领导决策和管理中的绝大多数事务，提供辅助管理，主要通过办文、办会、办事来辅助决策并服务于领导，是领导的参谋与助手。秘书的辅助作用不是一时一事的，而是全方位的，凡在领导管辖的范围内的工作，秘书都应该起到辅助的作用。

【案例4】

小林在一家生产微波炉的公司做前台秘书。一天，一位中年妇女火气冲冲地走来，见状，小林马上起身，并以十五度的鞠躬笑脸相迎。中年妇女喘着粗气说："我家的微波炉着火了，差点爆炸。我要讨个说法，你们公司得赔偿我的损失，否则没完。"林秘书沉稳地说："阿姨，您先别生气，请到这边坐下，喝口水。"边说边扶她到接待区沙发坐下，然后麻利地冲了杯茶递到她面前，说："阿姨请喝茶，先顺口气再说，看看我能帮您做些什么。"本来怒气冲冲的中年妇女看小林如此真诚热情，也不好意思再发作，彼此间的气氛缓和了许多。原来这位中年妇女听说把抹布放入微波炉加热两分钟就能杀菌，于是她把抹布洗净晒干后放入微波炉，加热一分钟后，抹布在里面着火了。她哭着对小林说："你说这可怎么办，儿子、媳妇肯定说我老糊涂了。"小林安慰道："阿姨别哭。您先听我说，微波炉着火是您没弄清楚细节，抹布杀菌说的是放入湿的抹布，而不是干的，弄清楚了就没事了。这样吧，您留下联系方式，先回去，我把您的情况向领导汇报，明天一定给您答复。"就这样，来的时候还怒气冲冲的来访者，经过小林耐心、热情的接待，心平气和地回去了。

导师点评

秘书是企业对内、对外联系的桥梁，接待访客是一项重要职能，秘书应对来访者给予热情接待，尤其对来投诉和要求解决问题的客人更要态度亲切，讲话小心谨慎。否则，就可能火上浇油，不利于问题的解决，从而影响公司形象和正常工作。案例中，小林在接待怒气冲冲的客人时，表现得耐心热情，缓解了客人的怒气，保证了企业的正常秩序。

除了以上四点之外，秘书还应该乐于效力，善于效仿，这对于做好秘书工作也会起到一定的作用。

人们把秘书工作比喻为"上管天文地理，下管鸡毛蒜皮"，把秘书工作说成"没大没小，没完没了"，这两句话把秘书工作的服务性解说得很形象。"三服务"是秘书工作的宗旨，即为直接领导服务、为相关各级领导服务、为人民群众服务。[①]将“三服务”确定为秘书工作的宗旨，是要强调秘书工作的服务性。这就要求秘书人员应提高服务意识，端正服务态度，培养奉献精神。设立秘书机构的目的就是为领导提供服务，因此，作为秘书，应该时刻准备为领导、为单位效力，在必要的时候还可能要牺牲很多私人时间和空间，甚至是个人利益去配合领导的工作。

【案例5】

某天下班后，原本很好的艳阳天一下变了脸，眼看着就快有场大雨，老顾因为有个重要的应酬一时半会儿回不去，家里又没人，担心家中阳台晾晒的衣服，于是他就关照旁边的秘书，要她去家里帮忙收拾。没想到秘书马上变脸，很委屈地说了一句：“老板，我是你的秘书！”言下之意，是埋怨老顾把她当作保姆。一旁的司机主动圆场：“老板，这事儿我去办吧，您放心！”这才缓和了尴尬场面。

案例中的秘书并未清晰认清自己的工作性质，把公事和私事绝对化。照顾领导本来就是秘书的本分工作，秘书不应该介意为领导做工作以外的琐事，而应欣然去做，并要做到无微不至。

另外，由于秘书人员是领导形象的补充、素养的反映、单位工作效率的折射，作为领导的左右手，就像是领导的影子，为了在办事过程中符合领导的习惯作风，秘书在行事处世时都应该体现领导既有的风格，日常工作生活中，应当模仿领导工作方法、方式，学习其先进经验；再者，与领导相处时间最多、关系最亲密的是秘书，为了更好地与领导相处，就需要了解领导，首先应该从其兴趣爱好、生活和工作习惯入手，关注领导的举止，这有利于更快地融入领导的工作生活，便于工作上的服务，与领导的步伐保持一致，同时多模仿领导的日常办事、处世方式，也能更顺利有效地展开工作。

将“三服务”确定为秘书工作的宗旨，主要是强调秘书工作的服务性质，帮助秘书人员提高服务意识、端正服务态度、培养奉献精神。“三服务”宗旨本来是对上层党委机关秘书工作提出来的，但它的精神适用于一切单位的秘书工作。即使是民营企业或是外资企业，秘书工作的宗旨也是做好“三服务”。

导师点评

① 杨树森. 秘书学概论［M］. 合肥：安徽人民出版社，2005.124.

汉献帝封曹操为魏王，“魏武佐汉，初建魏国，置秘书令，典尚书奏事”，秘书令统领王府整个秘书工作，掌管王命的撰拟、传达等事务，此时秘书令的职责就类似我们现代的政府秘书。

【案例6】

凯伦是香港某公司的总经理秘书，是一位少有的年近半百的企业秘书。二十年来她能一直如此受领导器重，不仅因为她对工作的负责和细心，其实更多是因为领导一直依赖于她。自从第一天当总经理秘书开始，凯伦就细心观察领导的一举一动，长期的观察和学习，使她渐渐变成领导的影子。在最恰当的时候总能让领导意识到恰到好处的舒服，和领导之间的配合也达到完全的默契，在处理日常事务、接待客户、办理领导交代的工作或陪同领导出现在公共社交场合时，她的言谈举止总散发着与领导相似的气质，领导对她的依赖也早已成为习惯。

很多人说企业秘书都是“吃年轻饭”，凯伦能在公司立足这么久，全因她对上司爱好、习惯的了如指掌。当秘书对领导有了深入的了解后，处理日常事务的方式、方法就会效仿领导。作为领导的亲密参谋，办事处世方式与领导相仿是非常必要的。

二、确保秘书工作中“效”的实现

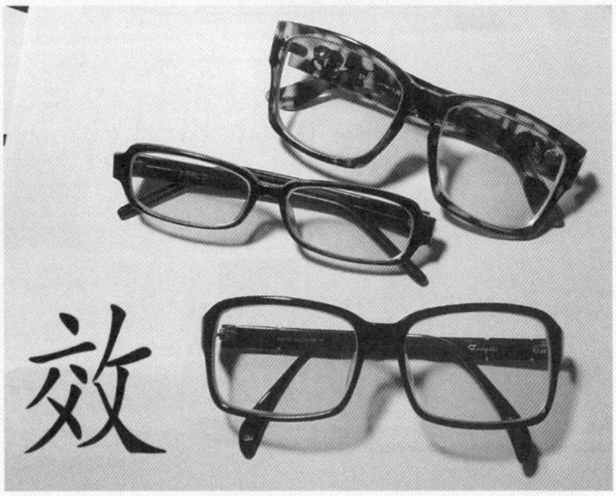

发展是企业、机关的根本目的，当今社会，同行业间的竞争在日益加剧，这就要求企业、机关不但要发展，而且要快速发展，只有这样才能生存下来。企业的顺利发展，机关工作的正常开展，是所有员工共同努力的结果。作为秘书，努力做好自己的工作更为重要，因为秘书工作是否做好，直接影响领导层的工作。良好的工作习惯是实现“效”的关键。做好秘书工作之“效”，就要注意下列几点：

（一）及时，是提高秘书工作效率的必然要求

当今时代是一个信息时代，秘书人员每天接触的各种公文、请示、报告等材料中含有大量信息，秘书人员应对这些材料进行收集、归类、处理，及时主动地把最有效、最新的

信息提供给领导。另外，在繁杂的工作中，把握好工作任务的紧急程度等，也是保证工作效率的有效手段。

秘书要做到及时，就要坚持：第一，看得准时机。即该快的时候要快，该慢的时候要慢，做到快慢适中。第二，分清工作任务的轻重缓急。把工作任务的重要性和紧急性层层分类，重要、紧急的工作，就应放在第一位，首先去完成，按照工作的重要性和紧急性有意识地去完成工作，可提高工作的效率。第三，变被动为主动。秘书的工作很多时候是被动的，但对于许多常规性的工作，应该积极主动，尽可能做到快捷、迅速、出手及时，日常工作管理得当的话，有助于在领导布置任务的时候更加快速地完成。

（二）准确，是衡量秘书工作质量的首要标准

秘书工作是领导工作和单位工作的重要组成部分，虽然繁琐，却起着不可忽视的作用。因此，秘书工作的准确与否，在很大程度上决定了领导和单位决策的正确与否，如果决策出现错误，不单对秘书本人有影响，更严重的是有损于领导和单位的权威性。

准确是对秘书工作质量的要求。秘书工作跟领导的决策指挥直接相关，任何差错都可能造成严重的后果。

秘书要做到准确，就要坚持：第一，清楚了解国家现行的方针政策和法律法规；第二，要准确无误地收集好领导所需要的信息和材料；第三，要正确地判断和贯彻领导的意图；第四，要严格、踏实地完成领导交办的事情和各种秘书事务；第五，要准确地进行文字表达和口头表述。

（三）严谨，是秘书为领导效力的前提条件

秘书的日常工作不仅繁杂，而且与领导工作和机关单位的工作密切联系着，哪怕是一件微不足道的事情，如果处理不当，都会对涉及全局的工作产生不良影响。因此，秘书在工作过程中，不能只求已经为领导效力了，更重要的是，做任何事情都要保持严谨的态度，避免出现错误，不能只求苦劳，而忽视工作质量。

秘书要时刻保持严谨，就要做到：第一，要有周全的考虑、严密的思维，尽量做到没有疏漏。第二，要周详地筹划，尽量做到在运作时万无一失。第三，要谨慎地行事，在贯彻执行工作的时候应保持谦虚谨慎的态度。

（四）同步，是秘书发挥其效能的态势原则

秘书工作的辅助性，决定了领导和秘书的关系是一种主辅关系，保持秘书工作与领导工作的同步运行，是秘书工作

的基本要求。同步还指资料的收集和管理也要跟得上工作的需要，确保手中拥有的工作资料跟工作需要的资讯是同步的。

坚持秘书工作的同步原则，就要做到：第一，要有同步的思维。凡是有作为的领导，都有独特的工作方式和思路，若要成为合格的秘书，平时应细心观察和学习领导的工作处事作风，尽量做到与领导有同步的思维以及相似的工作方式。第二，与领导同步行动。领导工作确定以后，接下来便是一连串的领导行动，对此，秘书工作要及时到位，确保与领导的行动同步进行，做到在领导行动前就有充分的事前准备，让领导的行动畅通无阻。第三，要同步提高。秘书人员必须不断提高自己的综合素质，以便与领导的步伐保持一致，否则，秘书就无法适应领导工作的需要和发展需求。第四，信息资料的同步更新。秘书的日常工作中，应该做到及时更新信息资料档案，整理过期的资料，以保证资讯文档等资料跟工作所需是同步的。

三、如何提高秘书之“效”

（一）加强学习，提高素质是根本

所谓学习，就是让自己不断进步，跟上领导的步伐，在必要的时候能为领导出谋划策。优秀的秘书必然是才能与知识的兼备者。当领导的参谋需要有较强的洞察力，能围绕中心、服务大局、谋划全局，知关键、得要领，当好参谋、出好主意。还要有开阔的视野，凡事要从大局、全局出发，经常思考研究有关改革、发展、稳定的事，及时了解本单位、本部门、本行业的要事以及周围的新事，做到“身在兵位，胸为帅谋；不在其位，学谋其政。做事情要突出重点，统筹兼顾；大处着眼，小处入手”，只有这样，才有可能当好参谋、出好主意。

秘书人员必须有广泛的知识面，秘书的职责是辅助领导实施综合性的管理，假如知识面过窄，就很难提出各种合理的建议和意见。[1]同时要求秘书要有丰富的专业知识，因为秘书工作的专业性是极强的，如管理公文、落实会议、处理信访等。秘书的知识又必须与时俱进，在知识经济的时代，科技突飞猛进，秘书要当好领导的参谋，就必须不断学习新知识，掌握新技能，不断更新自己的知识库。

【案例7】

某地区行政公署信访办秘书老毕接待一批年轻的集体上访者，来访所诉是为两企业间的房屋产权纠纷问题。老毕早就对事情的渊源和现状一清二楚，对上访者的申诉并未仔细听完就高声训斥："谁说房子是你们的？80年代我就住那，你们懂什么！"接着老毕便与上访者发生了不愉快的经历。最后，上访者向地委和行署"告状"，老毕成了新一轮上访的"被告"。

上述案例给我们的启示是：信访干部在正式答复群众前，必须熟悉党和国家的相关政策，做到得当、准确，而不是凭借自己片面的认知处理申诉。

（二）周密计划，妥善安排是关键

秘书工作的范围不仅很宽，而且工作内容变化快，所以秘书工作显得繁杂。工作繁杂就容易带来混乱，影响效率，所以，秘书一定要注意工作的计划性，以保证工作的效率和质量。秘书应该制订工作计划，也就是考虑自己应做什么、什么时候做完、用什么方法做、需要具备的条件和完成的步骤这几个问题。

对于秘书来说，做好工作计划有两个前提：一是日常工作尽量程序化，二是能分清工作的轻重缓急。而一些中长期计划，还要养成检查落实的习惯。每过一段时间检查一下自己的工作：当初的目标是否实现；实现目标的手段或方法是否正确；是否还有要改进的地方；如果目标没有实现，是客观原因还是自身努力不够；提高工作效率，还需要做哪些方面的改进。通过检查，就会发现当初制订计划时不完善的地方和在实施过程中的问题，从而改进和提高自己的工作。

秘书要胸怀全局，做到站在领导的角度来统筹安排头绪繁多的事务。秘书必须熟悉所管辖地区或系统的基本情况、了解领导目前工作的重点，根据全局工作的需要。

---

① 司徒允昌，陈家桢，张相平. 秘书学教程［M］. 上海：上海人民出版社，2009.144.

秘书部门处于领导与职能部门、下级单位之间的枢纽位置，起着下情上传、上情下达、沟通左右、联系内外的桥梁作用。

【案例8】

香港某医药总公司将于年末召开年度总结大会，作为总经理秘书的林梅主要负责会议文件材料的准备工作。林梅在会前先作了清晰的计划，工作按照计划一步步顺利进行。总结大会的领导工作报告很重要，其中包括分公司阶段性工作总结以及对现状的分析和对下一步工作的设想等内容。为此，林梅广泛地搜集了这段时间各方面工作的进展情况。会议期间，她做好会议记录，并对会议的发言作了录音和录像。为了会议信息有效地传递给分公司和未参加会议人员，她及时编写了会议简报和会议纪要，同时整理了会议有关文件和资料，为会议文件的归档做好充分的准备。

会议信息处理和流动是否合理、有效，直接影响会议的质量和实际效果。案例中，林梅按照计划在会前、会中、会后所做的各项工作确保了会议信息的有效流动，确保会议目标的实现。

（三）注意沟通，服务领导是中心

秘书对领导集团和下属部门的思想、团结、工作具有特殊的协调作用。因此，秘书在承担工作时，应该注重把握上级的决策意图，及时掌握有关部门的最新动态，力求准确全面地向领导反馈工作进展情况，以供领导决策参考。日常工作要注意及时与有关部门沟通协商；遇有不同意见时，要反复协调，取得共识后再呈送领导审批。

秘书发挥好协调作用，处理好领导集团成员和下级部门的关系，就能增强各个部门的团结，提高工作效率；如果这些关系协调得不好，就会造成隔阂，妨碍领导工作的正常运转。[①]

现代秘书应当能利用社会变革带来的便利为组织利益建立更多的关系，从而更好地完成工作任务。秘书部门处于单位的枢纽位置，秘书人员每天的工作大部分或者说主要部分

① 杨树森. 秘书学概论［M］. 合肥：安徽人民出版社，2005.229.

是与人交际、交流。秘书人员能否处理好人际关系，直接影响着秘书工作的成败。

【案例9】

某地一次党员代表大会人数较多，如果要让多数人满意，食宿安排难度较大。会议接待秘书事先到有关宾馆调查摸底、综合分析，并对代表的要求调查归纳，最后作出了3个会议食宿和会场安排方案呈报领导决策参考。领导决策后，接待工作从代表食宿、讨论地点、会场安排、车辆调度、医疗保健，到老同志的关照逐项落实到人，环环不脱节，得到了代表们的夸奖。

当会议人员众多的时候，要做到让每一个人都满意是很难的，案例中，会议接待秘书调查了所有代表的喜好和要求，以让大多数人满意为工作准则，使接待工作顺利圆满地完成。

（四）把握主次，轻重缓急是基本

秘书工作的一大特点就是并行的工作多，要一心多用。那么，面对几项要同时处理的工作，哪项工作应该优先处理呢？这就要求秘书必须具备随机应变的能力，能分清它们之间的轻重缓急，在合适的时间做合适的事。

不管秘书的工作有多忙多杂，它们基本上可以分为三类：第一类是N——Now，即现在必须马上处理的工作；第二类是T——Today，即应该今天完成的工作；第三类是L——Later，即明天完成也可以的工作。这种日常工作分类法又叫NTL分类法。[①] 哪些工作分在哪一类，秘书心中应该有数。那些是由领导交办的工作，在进行分类时就需要多想想，如果把握不了，就在接受领导工作指示时，问清楚领导希望在什么时候完成。

【案例10】

小陈是某集团公司新来的秘书，这天早上一进办公室，办公室主任就让她整理一份材料，明天下班之前交给他，说下个星期开会要用。小陈估摸了一下，差不多3万字，有20多页。

① 谭一平. 分清工作的轻重缓急［J］. 秘书，2008（1）.

刚从办公室主任的办公室出来，她还没来得及坐下，周总来电话，说今天下午2点他要与财务总监、市场总监和销售总监一起商量工作，让她通知他们几个；刚放下电话，机要室就送来一份传真，传真是一个代理商发来的，说他们的一个副总过几天要来本地办事，请接待一下；她刚看完传真，主任又来电话，说田副总下个月初到电视台为《一周财经观察》做嘉宾的事，由于时间关系他去不了，让她打个电话通知对方；她刚喘口气，人力资源部的人又过来通知她，让她填写参加存档新方法讲座的报名表，明天下班之前为报名的最后期限。

一上班就遇到这么多事，小陈应该如何处理呢？首先应该分清这些工作的轻重缓急。只有先分出了它们的轻重缓急，才能根据轻重缓急安排它们的顺序，制订工作计划。

按照前面的分类方法，小陈这天早晨的几项工作应该这么划分：给主任写报告是T类工作；通知几位总监开会是N类工作；把传真交给具体经办人是T类工作；给电视台打电话是L类工作，而参加档案培训也是L类工作。分出了轻重缓急，小陈就可以按部就班地工作了。

随着经济科技飞速发展，信息传播急剧膨胀，社会竞争日趋激烈，秘书作为一种全球性的职业，其工作趋于现代化、科学化和专业化，高效的工作越显重要。秘书人员在辅助各级领导进行综合管理、树立企业形象、沟通内外关系、处理信息交流等方面发挥着越来越重要的作用。优秀的秘书应具备缜密周详的思维方式、井井有条的行事风格、不卑不亢的处事态度、果断高效的办事效率、无与伦比的善解人意。众所周知，秘书工作很繁杂，容易造成混乱，从而影响秘书自身状态和工作质量。因此要成为合格的秘书，就要充分发挥自己的主观能动性，不断提高自身素质，保持健康的身心状态，勤于学习新知识，不断充实自己；要有不厌其烦的精神，培养一丝不苟的态度，以保证在繁杂的工作中，不受其影响。坚持以“效”贯穿工作，保持用“效”融会思想，是实现高效的秘书工作的有效方法。保质保量地完成任务，才能为领导、为单位服务。

从公车改革谈机关事务管理的公开与监督

钱 佳

机关事务管理工作是党政机关工作的重要组成部分，也是政府行政管理的一部分，其目的是通过对政府机关事务性工作进行合理组织、科学指挥、周密协调和有效监控，从而达到“管理科学化、保障法制化、服务社会化”的发展目标，使政府机关公共资源产生最大的经济效益和最佳的保障效果。

过去，我国对机关事务工作的重要性认识不足。机关事务工作部门时撤时留，职能模糊不清，发展不平衡，并且没有统一的工作规范。因此，随着机关事务工作地位和作用的日益突显而备受社会关注。当政府对外行政管理行为越来越规范和有效时，政府内部管理行为由于缺乏有效的规则、严格的程序和硬性的法制，而显得十分滞后，依法履职的呼声越来越高。

当前，我国正处在调整产业结构、转变增长方式、保民生保稳定的后经济危机发展期，整合机关物资设备、政府采购、公务用车等公共资源，提高利用效率，降低机关资产、财务经费、基本建设、公务接待、综合事务等运行成本，全面提升环境秩序、机构节能、协调监督的管理、保障、服务水平，对于推进服务型、学习型、效能型和节约型政府建设，具有十分重要的意义。

机关事务管理的公开与监督，是社会主义民主体制建设的一项重要内容，涉及的因素甚多，可谓当前的一个社会热点。作者从启示、现状及改革的重要性等方面入手，分析当下机关事务管理存在的问题，不少观点深具启发性，如提升知情权、拓展公开渠道、完善制度建设、借鉴国内外的经验，显见作者对此是作了深入思考的，颇有心得，值得肯定。

一、公车改革对机关事务管理的启示

公务用车的管理是机关事务管理中的一项。以公车改革为例，从1994年中办、国办联合颁发《关于党政机关汽车配备和使用管理的规定》以来，公车治理已走过17个年头，它不仅是政府部门的一场自我革命，也是机关事务管理的革命。我国现行的公务用车制度已越来越不适应社会主义市场经济的需要，出现了很多弊病：一是司勤人员众多，机关公车运转费用高，利用效率低，资源浪费严重；二是公务活动用车难，公车私用问题严重，影响了行政工作，有损于政府形象。这种公务用车制度既不能为政府机关提供高效的用车保障，又不利于民族汽车产业的发展。

温家宝在与网民交流时提到，公车改革一要公开透明，二要民主监督。所谓公开透明，指的是公车消费的具体金额、公车的详细情况和数字应不遗余漏地向社会公开；同时，公车应使用特殊的标志，便于公众识别和监督。所谓民主监督，一方面人大作为法定监督机构，切实履行责任；另一方面鼓励社会监督，让媒体积极介入，创造条件让普通民众参与公车监督的工作。[①] 中纪委副书记吴玉良曾表示，中办、国办最近准备出台有关公车配备使用的新规定。对公众希望公车数量等信息公开的呼吁，他明确表示会把全国公车的详细数量和需要减少的数量公布，“为北京市的交通缓堵作一点小的贡献。”[②] 可见，信息公开的内容越详细、越丰富，渠道越多，越有利于公众接触，对于公众监督权的行使也越有利。只要公车信息能做到最大化的公开，无论内部还是外部的社会监督就能发挥作用。监督能够发力，公车才能迎来真正的改革。公车改革虽然现在只是“试水”阶段，但无疑对机关事务的管理起到了引航的积极作用。

二、机关事务管理公开与监督的现状

当前，我国的公款吃喝、出国旅游、公车私用、行政成本过高等问题日益突显，群众反映强烈。据报道，从1978年

---

① 郭松民. 公车改革的关键在于透明［N/OL］. 新华网，http：//www.gs.xinhuanet.com/comment/2011-03/10/content_22251957.htm，2011-03-10.

② 吴晓杰. 北京治堵：“一个最不坏的办法”？［N/OL］. 和讯网，http：//news.hexun.com/2011-01-05/126591973.html，2011-01-05.

至2003年的25年间，我国行政管理费“疯”涨87倍，近几年仍以平均每年23%的速度增长；行政管理费支出占财政支出的比重已由1986年的10%上涨到2005年的19.2%，20年间增长近一倍，超出国际货币基金组织15.6%的标准。仅2005年，公车消费、公款吃喝、公款旅游三项费用就高达6 000亿元，占国家财政收入的20%，相当于全民义务教育投入的5倍。我国的行政成本不但高于欧美发达国家，而且高出世界平均水平25%。[①]

温家宝曾在十一届全国人大三次会议上所作的政府工作报告中指出，“要深入推进政务公开，完善各类公开办事制度和行政复议制度，创造条件让人民批评政府、监督政府，同时充分发挥新闻舆论的监督作用，让权力在阳光下运行”[②]。权力是人民赋予的，最后还是要对人民负责。公开既是让人民批评政府、监督政府的前提和条件，也是最具有广泛性、基础性、代表性和实效性的社会监督途径。机关事务管理作为政务的一项内容，也必须依照法定的程序向社会公众或者提出申请的公民、法人和其他组织公开，从而保障公民、法人和其他组织的知情权。但我国的机关事务管理公开进展缓慢，主要存在以下几个问题：

“三公消费”已成为当前公共行政管理领域亟需解决的一大“顽症”。中央虽每年三令五申，严格遏制，但似乎收效甚微。公开是监督的前提，但公开了就能确保有效地监督吗？首先，我们要理解公开的目的是确保政府合理使用老百姓赋予的资源和权力。

（一）职、权、责缺乏统筹，影响和制约管理效果

从认识上看，由于新旧管理体制的原因，后勤管理的传统思想始终束缚着机关事务管理的有效开展，工作不能完全到位。从机构设置上看，在中央、省、市、区的各系统大多设有机关事务管理机构，但有的全面履行管理、保障、服务职能，有的只承担服务职能。此外，各层级、各系统机关事

---

① 刘声，潘圆．政协委员提案称我国行政管理费用 25 年增长 87 倍［N］．中国青年报，2006-03-06.

② 新华社．政府工作报告——2010 年 3 月 5 日在第十一届全国人民代表大会第三次会议上［N/OL］．中华人民共和国中央人民政府网，http：//www.gov.cn/2010lh/content_1555767.htm，2011-03-15.

权力不可能离开公众监督与制度约束而孤立存在。既然公开透明是无法绕行的选择，倒不如胸怀坦荡地接受公众的监督与制度的制约。

务管理部门的相关工作缺少统一性和协调性，难以科学有效地统筹和利用公共资源，导致行政成本的不断攀升。由于管理政策缺乏法律依据及有效的监督制约方法，导致职责的调整、增减存在一定程度的随意性和主观性，职、事、权不清晰，职能配置不到位，管理越位、错位，甚至缺位。

（二）公开、监督与公众关注难成正比

尽管近年来随着民主政治建设的不断推进，公民的参政议政意识在不断提高，但在实际工作中，一些群众在思想认识上还存在误区，认为公开和监督是例行公事，做形式、走过场，不能解决实际问题。同时，对于机关事务管理的内容、过程和结果，大部分只是有选择性地进行公开和接受监督，给群众造成一种“只公开和监督好的”的假象，或者只公开“边角料”等一些远离人民生活、远离人民关注的信息，使人民群众对机关事物的关注度和信任度降低。

（三）原则规定与实际操作难以同步

当前，我国在公开和监督方面的规定是比较单一和笼统的，对于公开和监督的载体、形式和程度都没有明确规定，各地的做法也不太统一。机关事务管理的内容是全面公开，还是有选择地公开；是在过程中全部公开和接受监督，还是事后公开，都缺乏一致的意见。因此，公开的内容不全面、不具体，甚至不真实。如涉及人、财、物等具体内容则避重就轻，或者采用半公开、合并项目、转移项目等手段，将不合理开支及违规行为进行模糊处理。此外，随意性也很大，想公开什么就公开什么，不想公开就以保密为借口搞特殊。公开的实效性以及公开内容、渠道等都值得进一步深入研究、探讨。从立法领域看，当前机关事务工作有些领域仍然存在法制建设的空白，有些管理事项无法可依，特别是随着形势发展，一些新的管理领域应继续通过立法加以规范。之所以强调出台统一的法律法规，建立统一法制基础，就是要真正改变过去那种漠视市场经济发展现状和政府滋生建设规律的情况，有效遏制部门需求膨胀、超规格享受服务、超标准使用资产、超预算使用资金、滥建楼堂馆所、行政成本居高不下等长期难以解决的问题。

（四）公开程度与群众要求难以对接

公开和监督的重要目的就是要通过公开达到保障人民群众知情、知政的要求，激发群众和社会各界广泛关注及参与的积极性，从而使公民能有序地参与对政府机关的监督工作。公众当然希望公开的程度越深越好，因为他们要关注监督是否有力、问题是否找准、措施是否得当、整改是否到位。但是公开程度太深，暴露问题太彻底，则被监督对象可能会有情绪、有意见，不一定会理解、支持；而公开程度太浅，则满足不了公众知情、知政的需求。从实践看，公开和监督还难以达到群众的要求。如何做到既顺应群众要求，又兼顾被监督对象的感受和社会影响，是一个值得深思的问题，还需要一些时间和耐心去解决。

三、公开和监督的重要性

（一）公开是社会主义民主的应有之义

知情权是国际社会普遍认同的基本人权和民主权利。我国宪法规定："中华人民共和国的一切权力属于人民。"对国家机关及其工作人员而言，公开是不可拒绝的责任和义务；对人民群众而言，了解与自己及公共利益有关的行政信息是不可剥夺的权利。没有公开，人民知政、议政、参政都只能是一句空话。

（二）公开是达到行政公平、公正的前提

有人认为，对权力进行监督与制约是必要的，但公开后监督的人多了，制约的程序就变得繁琐了，会干扰权力的正常行使，导致政府部门被动，降低办事效率。政府追求行政效率没有错，但效率不是行政追求的终极目标。行政的终极追求应该是社会的公平和正义，背离公平和公正的行政效率是没有意义的。

（三）公开与保持办事效率并非必然冲突

2010年12月12日深夜，南京市级机关事务管理局网站上的"每周菜谱"，被网友截图发布在各大网站上后，引起数万名网友围观。从菜谱来看，该机关食堂提供0.5～2.5元的菜品共计120种。当下物价飞涨，机关单位的食堂却搞得如此物美价廉、丰富多样，老百姓不可能不产生"误解"。"机关食堂菜谱"是一个标本，这个标本让我们看到了某些权力部门内部如此丰盛的柴米油盐酱醋茶，更让公众感受到了

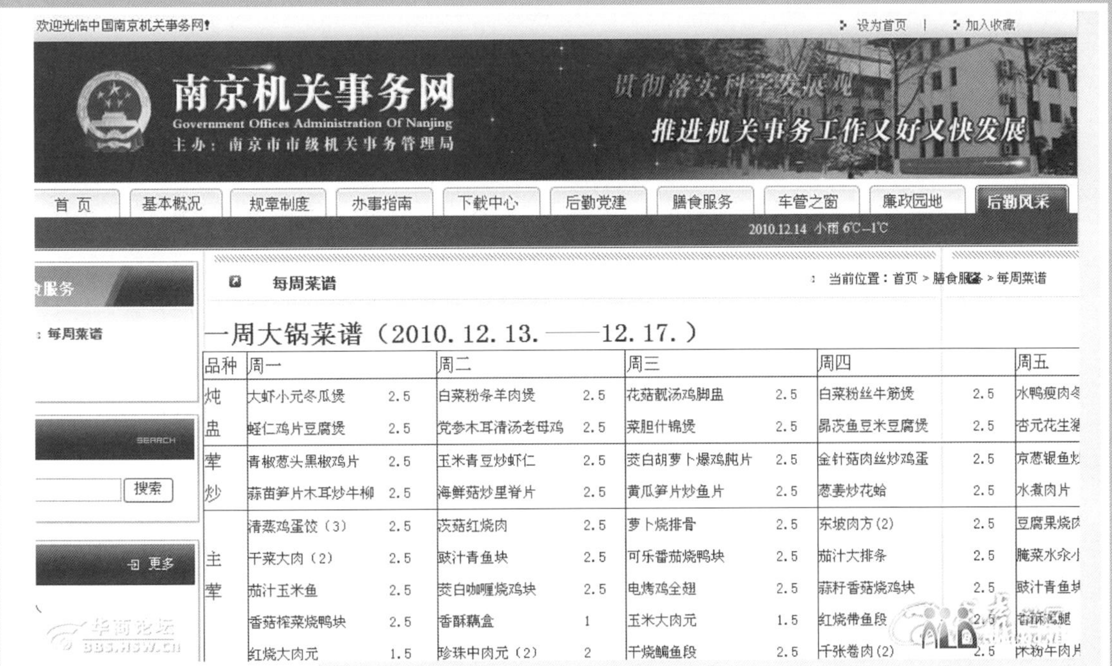

一周大锅菜谱（2010. 12. 13. ——12. 17. ）

品种	周一		周二		周三		周四		周五
炖盅	大虾小元冬瓜煲	2.5	白菜粉条羊肉煲	2.5	花菇靓汤鸡脚盅	2.5	白菜粉丝牛筋煲	2.5	水鸭瘦肉冬
	蛏仁鸡片豆腐煲	2.5	党参木耳清汤老母鸡	2.5	菜胆什锦煲	2.5	昂茨鱼豆米豆腐煲	2.5	杏元花生猪
荤炒	青椒葱头黑椒鸡片	2.5	玉米青豆炒虾仁	2.5	茭白胡萝卜爆鸡肫片	2.5	金针菇肉丝炒鸡蛋	2.5	京葱银鱼炒
	蒜苗笋片木耳炒牛柳	2.5	海鲜菇炒里脊片	2.5	黄瓜笋片炒鱼片	2.5	葱姜炒花蛤	2.5	水煮肉片
主荤	清蒸鸡蛋饺（3）	2.5	茨菇红烧肉	2.5	萝卜烧排骨	2.5	东坡肉方(2)	2.5	豆腐果烧肉
	干菜大肉（2）	2.5	豉汁青鱼块	2.5	可乐番茄烧鸭块	2.5	茄汁大排条	2.5	腌菜水氽小
	茄汁玉米鱼	2.5	茭白咖喱烧鸡块	2.5	电烤鸡全翅	2.5	蒜籽香菇烧鸡块	2.5	豉汁青鱼块
	香菇榨菜烧鸭块	2.5	香酥藕盒	1	玉米大肉元	1.5	红烧带鱼段	2.5	[illegible]
	红烧大肉元	1.5	珍珠中肉元（2）	2	干烧鳊鱼段	2.5	千张卷肉(2)	2.5	米粉牛肉片

什么叫不公与卑微。①

由此可见，科学地公开和监督机关事务工作非常重要。公开有利于广开言路、集思广益，使决策、政策和施政举措更符合客观规律，具有更广泛的社会基础和群众基础，是完善政府运行机制，推进民主化、科学化决策，提高政府治理水平的重要途径。

2012 年 10 月 1 日《机关事务管理条例》正式施行。机关事务的公开透明，是我国公共行政管理的一块里程碑，是社会发展的时代要求，是舆论监督的着力点和公民意识觉醒的重要体现。只有做到详细、彻底、透明，才能给百姓一个明白交待。

四、多效并举，推进机关事务管理的公开和监督

（一）推行和深化公开知情权

首要任务是要从数量和质量上保障和落实公众对机关事务的知情权，这对于加强公众对政府的知情权、加强公众对政府的监督具有重要的现实意义。一是要把握公开的重点，以关系群众切身利益的重要事项为重点，公开群众想知道的，做好主动公开信息内容的及时更新；二是要调整完善政府信息公开项目和不公开项目，进一步深化公开内容；三是要严格执行有关公开内容、时限和程序制度，提高信息公开水平和后勤管理服务效率。惠州博罗县在深化公开内容上就作出了大胆的尝试，制定了《博罗县党务点题公开制度》。通

① 黄南. 南京机关“食堂菜谱”被质疑太便宜 官方急删网页[N/OL]. 央视网，http://news.cntv.cn/society/20101215/107751.shtml, 2011-07-03.

过设立“党务公开日”进行“点题公开”，党组织当场如实公开。这一做法，值得机关事务管理工作者参考。

（二）完善制度建设，规范公开与监督

要想验证机关事务公开的效果，我们就应该建立监督和评价机制。通过监督和评价机制来提高公开的实际效果，让广大人民群众积极参加到行政决策中来，监督政府行为。一方面将公开的内容、时效、程序、方式等进行科学合理的设计，形成相应的实施细则等制度性文件，为机关事务管理的公开和监督工作提供可操作性的依据，促进公开和监督的规范开展；另一方面，要对新的实践经验不断地进行总结，对各地以及群众提出的一些好做法可以结合地方实际加以吸收，及时上升为配套制度，以制度的形式对公开和监督的具体实施进行细化和规范。此外，还要完善民主科学决策程序，严格追踪问效制度，建立健全信息公开、责任追究等制度，增强依法保障能力。从国际经验看，世界各国政府普遍通过法治方式提高政府机构资产运行效率，用最小的投入产出最大的行政管理效益。比如，美国制定了《联邦财产与管理服务法》，专门设立联邦事务总局，统一负责联邦政府的机关事务管理；俄罗斯出台了《联邦总统事务管理条例》，设立联邦总统事务管理局，统一管理联邦政府机关事务工作；加拿大出台了《公共工程和政府服务部法》，设立公共工程和政府服务部，负责为联邦中央政府、各机构、各单位提供保障与服务。[①]

（三）拓展公开渠道，实现监督目标

邓小平同志曾说过，“七嘴八舌并不可怕，最可怕的是鸦雀无声”。2011 年 7 月 4 日，广东省委出台《关于做好新形势下群众工作的意见》，提出要发挥舆论在维护群众利益中的监督作用，通过各种新闻媒体接受群众监督，确保权力在阳光下运行。同时要建立、健全舆论监督的相关法规，推动舆论监督常态化、法制化、规范化、有序化。[②]机关事务管

① 徐进，杨天威．美国：用柔性手段实现政采高度集中［N/OL］．宁波政府采购网，http：//www.nbzfcg.cn/jgjs.aspx?ContentId=23661&CategoryId=117，2011-04-26.

② 段功伟，陈枫树，雷辉．舆论监督助推社会善治［N］．南方日报，2011-07-08.

理的公开和监督不仅涉及政府机关及相关部门的工作，也涉及与各新闻媒体的合作，所以要加强机关与相关部门、单位的配合与合作，不断加强各方面的联系，与新闻单位积极主动配合，形成合力，才能为机关事务的公开和监督提供良好的条件，保障公开和监督的真正落实。首先，要充分发挥传统媒体、互联网、公报等载体的作用，做到公布不同的内容，适当选择不同的载体，有机结合，优势互补；其次，要积极拓展公开的渠道，认真探索机关事务管理事前公开、过程公开和结果公开的实际操作性，努力使机关事务管理工作全程动态置于群众的监督之下；再次，加强多方联动，提高公开水平。公开工作涉及面广，协调性强，应构建多方联动机制，畅通沟通渠道，及时掌握各部门在推进政务公开、政府信息公开和机关企事业单位办事公开等方面的好经验、好做法。

（四）借鉴国内外在机关事务管理中的好做法

美国在机关事务管理中的许多好做法值得我国借鉴。类似于我国于 2012 年推行的公务卡，美国总务署早在 1983 年已首先引入记账卡作为联邦雇员支付旅行费用的一种安全而方便的手段。这种记账卡实行个人记账，大大减少了因公旅行引起的行政管理费用，并为机关监控旅费开支提供了可靠信息。后来美国又推出两种记账卡，一种用于联邦购物，另一种用于燃油购买及其他车辆费用。1999 年，总务署又推出了智能付账卡，可以将旅行、购物、车辆等服务集中在一张卡上，也可以每项服务单用一张卡。每种方式都节省了时间和费用，大约有 51.5 万名联邦雇员持有该卡，他们持卡走进定点商店，享受自动折扣优惠。1999 年，使用智能卡为政府节约了约 10 亿美元行政经费。[①]

① 国务院机关事务管理局.美国联邦政府的机关事务管理体制 国务院机关事务管理局赴美机关事务工作考察团考察报告之二［G/OL］.国务院机关事务管理局网，http：//www.ggj.gov.cn/jghq/zgjghq/2001/200106/200407/t200 40705_3242.htm，2010-02-28.

又如，美国联邦政府在公务用车管理制度上，采取集中采购和租赁服务相结合的方式。总务署具体负责为联邦政府机构提供车辆购买和租赁服务，联邦机构从总务署购买公务用车，或租用总务署联合车队的车辆。总务署联合车队的车辆分别由相关地区办公室管理。在严格的部门预算约束下，由于购车后管理成本较高，越来越多的联邦机构从总务署车队租车。美国政府公车使用专门牌照，便于遏制公车私用；联邦雇员几乎都会开车，因此专职司机很少，从而节约了用车成本。总务署对联邦机构公务用车的人员不但提供集中采购和租赁服务，还有维修服务，而且价格低廉，不仅发挥了规模效益，还提供了用车保障，节约了联邦机构的用车经费。①

最后，不得不提广东省在舆论监督助推社会善治的做法。汪洋同志在近日与网友进行在线交流时提到16岁中学生陈逸华，2011年4月以来，他多次在地铁口举牌质疑广州地铁斥资数千万元全面翻新改造地铁1号线的做法，让地铁公司一周之内三次回应，并主动约谈。借舆论监督改进工作成为广东引领风潮的独特做法。广东的舆论监督已经形成一个明确的路线图：以政治自觉推动官员善待舆论监督，以制度安排约束官员接受舆论监督，以整改实效引导官员善用舆论监督，进而在各方的良性互动中走向善治。②

所以，除了建立有效的防范与控制机制外，利用社会监督网络才能创造禁于未萌、止于未果，有法可依、有法可行的最佳监督功效。依法建立立体的社会监督网络，是打破过去监督系统内封闭循环的需要，也是公众对整个行政体制直接监督的需要。如果建立了完善的监督信息网，公众就可以及时了解各个部门的情况，对机关事务进行有效的监督。

① 国务院机关事务管理局.美国联邦政府的机关事务管理体制国务院机关事务管理局赴美机关事务工作考察团考察报告之二［G/OL］.国务院机关事务管理局网，http：//www.ggj.gov.cn/jghq/zgjghq/2001/200106/200407/t20040705_3242.htm，2010-02-28.

② 段功伟，陈枫树，雷辉．舆论监督助推社会善治［N］．南方日报，2011-07-08.

货币化公车改革路在何方

——以佛山货币化公车改革为例

麦　穗　黄文金

公车改革是现时政府转变职能、降低行政成本、反腐倡廉的要求。我国一些地区，特别是珠江三角洲已拉开公车改革的序幕，并积累了一定的经验，为今后改革范围的扩大、改革形式的选择打下了坚实的基础。

我国公务用车（以下简称公车）制度是职务消费和公务需要的混合体，容易出现从实物制度演变为特权制度、从待遇制度转变为福利制度的情况。为此我国政府自1994年起便开始探索公车改革（以下简称“车改”）。

18年来，从各地各部门公车改革之路可以得出，货币化车改是迄今为止医治公车制度顽症最有效的对策，尽管它不能解决公车改革中的所有问题。本文从我国三种车改模式说起，结合佛山车改历程，借鉴广东省其他实行车改城市的经验以及香港公车管理理念，试图探索我国车改之路如何走得远、走得好。

一、我国车改的三种模式

目前，全国机关层面的公车改革主要有“集中管理，定额使用”“保留公车，发放补贴”“取消公车，发放车贴”三种车改模式，而这三种模式有一个核心联系点——是否与货币挂钩。我们可从另一个角度对其进行分类，把第一模式称为“虚拟货币化模式”，第二种为“准货币化模式”，第三种为“货币化模式”，事实上我国车改也是从“虚拟货币化”向“货币化”进行探索，现在车改更多选择货币化模式。

（一）虚拟货币化改革模式——集中管理，定额使用

取消各部门公车，由政府行政后勤部门组成服务中心，或以公司化方式运营，给予各单位一定经费的定额包干，以年度为单位进行结算，超支自负，节余转下年使用，也可按节余额的一定比例以现金形式返回给个人，代表城市是云南昆明、四川绵阳、湖南娄底和南县、辽宁葫芦岛等。

这种车改模式的可取之处是费用包干、杜绝浪费，利用市场机制，成立准市场化的用车公司，可以更为有效地控制或减少公车支出，体现了公车社会化的改革理念。该模式得到经济欠发达地区的推崇，由于这些地区公车经费来源多元化，货币化车改反而会增加财政支出。虚拟货币化改革模式的不足之处在于，它仍是一种计划经济的资源配置方式，无法撼动现有公车制度的根基，打破公车的利益格局，而且也无法建立伴随私家车时代出现的“私车公用”的利益补偿机制，中层及中层以下的公务员及机关工作人员对这种车改较多持反对意见。

（二）准货币化改革模式——保留公车，发放补贴

这种模式最大的特点是“双轨制”，即采用部门和人员“双轨”运行。全国最早实行车改的大庆市就是采用这种模式。部门“双轨制”，是指除公检法司（含城市管理执法）等部门外，实施、参照公务员法管理的机关和事业单位实行车改。此外少数单位因抢险救灾、公务接待等理由可保留1～2辆公车。人员“双轨制”分两类，一类是车改单位全体干部参加车改，地级市厅级领导和县（区）、镇“一把手”不参加车改；另一类是“老人老办法，新人新办法”，即对某一年限前工作并有一定级别的领导是否参加车改不作硬性要求，但鼓励这些“老人”参加车改。

这种所谓“渐进式”车改模式的好处在于改革震动小、抵触情绪小、推行阻力小，容易使大多数领导干部接受和认可，但必然产生一些部门领导又领车贴、又坐公车（或多坐车，少交补贴）的不正之风，是一种公信力差的公车改革模式。

（三）货币化改革模式——取消公车，发放车贴

对现有公务用车全部公开拍卖或定向出售，取消所有公务用车，发放公务用车补贴，进行货币化，并按行政级别或工作岗位确定车贴标准，超支不补，节余归己。广东佛山、东莞、珠海、中山和惠州，黑龙江齐齐哈尔，山东威海，湖

货币化公车改革，其焦点主要是效率与公平的问题。通过发放用车补贴来取消公务用车，改革是否影响日常公务的运转、车补的发放标准怎么才算合理等问题，这些均极大地考验执政者的智慧。从多年的车改探索历程中，各地能够结合本地实际，出台一系列车改政策，虽说没有哪个地区称自己的公车改革取得如期的成效，可这些富有勇气和创新的尝试，的确给后来人带来不少启迪。

导师点评

北老河口，江苏南京和苏南地区，浙江义乌，宁波北仑区等都采取这种彻底的公车社会化、市场化和货币化改革模式。

货币化改革模式不是福利化改革，而是通过改变传统的行政开支方式，用必要的或尽量少的行政支出，抑制公车总体资源的浪费，优化配置公车资源，确保和提高公务活动效率。这种模式对现有公车利益格局冲击最大，得到社会公众支持率最高，也深受中层及中层以下公务员及机关工作人员欢迎。然而，这一模式不易把握之处是公车处置方式与车贴标准形式。为了减少车改阻力，早期实行货币化车改地区大多采取内部公开拍卖方式，一些领导干部在无人举牌的情况下以极低的价格轻而易举地拍得“心爱的坐骑”，引发社会的争议，从而降低了车改的公信力。此外车贴标准及发放形式问题一直困扰着货币化车改，发高了，社会上以为在变相涨工资、搞福利；发低了，又会影响机关公务人员，特别是领导干部参与车改的积极性。

二、佛山公车改革的历程

广东省佛山市从2003年起便开展自区级到市级的公车改革，其货币化车改经验很值得借鉴。佛山市政府在开展货币化车改之前认为，要顺利开展车改，必须清除以下几个障碍：一是补贴标准的确定，二是单位原有公车的处理，三是原有驾驶员的分流安置，四是车改之后对领导干部用车费用开支的监督和管理。其中车改补贴最为关键，它是群众心理与实际需要的折中。

（一）区级机关车改——不断完善的货币化改革

南海区于2003年进行车改，是佛山首个实行车改的试点区。参加车改的范围为区政府职能部门（不含公检法司等执法部门），车改方式为交通经费实行财政包干，包干经费包含对个人和单位两部分，分别按级别发放。单位保留部分公车，公车不能满足公务需要时，可鼓励使用公交车和私车公用，但费用均在包干经费中支付。如有人仍然公车私用，将严格按照有关规定给予批评教育，甚至纪律处分。实行车改后，南海区直机关单位减少车辆125台，减少汽车费用开支1 662万元（含购车经费），每年在车辆方面的财政支出减少33%。然而这种对单位实行财政包干的车改方式也存在一些问题，如造成一定的分配不均，由于不同单位每月用车的次数相差很大，有的单位每月出车3 000多架次，有的单位却只有几百架次，而且行车的距离也有较大差别，因此出现有人要倒贴、有人有富余的现象，影响了改革的效果。

三水区自 2004 年 6 月启动公车制度改革，先后对行政机关和事业单位进行车改，采取的是货币化改革模式。为使车改一步到位，三水区开创了广东车改之先河——将区内的公车全部面向社会公开拍卖，分五批拍卖公车 367 辆，成交总价 3 738.26 万元。车改后，三水行政机关和事业单位的支出每年分别至少降低 700 多万元和 60 多万元，节约率在 30%以上。这种较为彻底的货币化改革模式，带来的好处是“改变了没公车不下乡”的情况。

顺德区经济较为发达，从 2002 年起，大良、勒流等镇就陆续自发进行了车改，在整个珠三角地区来说算是“先行者”。2004 年，顺德区政府颁布《顺德区机关公务用车制度改革实施方案》，正式拉开全区车改的序幕。车改后，顺德区公务员的交通补贴按级别划分，最高 1 000 多元，低的几百元。据交通部门统计，目前顺德每百户人家中就有44户拥有私家车，它代表了经济较为发达地区的公车改革方向，即私家车时代来临所出现的“私车公用”的利益补偿机制。

上述几个区对公车改革的有益探索，让佛山市委、市政府坚定了采取货币化公车改革模式的决心。2004 年 7 月，市委、市政府提出了公车改革的“五统一”原则，即“统一车改模式、统一车改单位和人员范围、统一车改交通补贴标准、统一购车优惠规定、统一购车处置办法”，并制定系列配套制度和措施，由此公车改革在所辖五区（含镇、街道）全面推进。各区几套班子领导、公检法及行政执法等单位人员暂缓实施。目前，该批领导和单位仍未实施车改。①

① 罗星明. 公车改革：在尝试中辗转前行［J］. 广东党风，2011（3）：15.

佛山历来是广东改革开放先行先试的地区，敢于第一个吃螃蟹，公车改革也不例外。纵观佛山经济比较发达的南海区、顺德区、三水区的公车改革情况，可以看出它们有不少创举，如财政包干、公车拍卖等。与此同时，也出现诸如利益分配不均、私车公用等现象。这意味着货币化公车改革仍有其不足的一面。

由于政府行政职能的特殊性，如公检法司等执法部门，不能“一刀切”地运用货币化公车改革的思路；由于存在地区经济差异，也不是每个地方都适合实行货币化车改。因此，推行公车改革，要进行充分调研，广泛征求各方意见，最终得到车改的方向和措施。

（二）市直机关车改——“货币化”与“虚拟货币化”相结合

2010年10月，市直机关也开始实行车改。实施的单位范围分两批进行，第一批是实施、参照公务员法管理的市直机关和事业单位（不含公检法司执法部门），第二批是法院、检察院、公安局、城市综合管理局、佛山监狱和劳教所，党委、人大、政府、政协四套班子成员（副厅级以上）暂不参加车改。参加车改的人员对象包括车改范围单位的正处职及其以下的在编在职人员（含职工、政府聘员）。交通补贴由两部分组成，一是每月发放个人车改交通补贴，二是单位公务交通经费定额包干。在市外执行公务或市内执行特殊公务的情况下，可从机关车辆服务队租借车辆或使用私人车辆，费用在单位本年交通经费包干中列支。[①] 经测算，实施车改后，佛山市市直机关公车总费用年均节约2 000多万元，节约率约20%。

三、佛山与本省其他市公车改革的比较

目前，广东实行车改的城市和地区包括佛山、惠州、东莞、中山、珠海、广州市天河区和黄埔区。佛山的车改模式与惠州、东莞、中山、珠海以及广州天河区的基本相似，实行货币化改革模式，主要差别有三点：

（一）公检法司部门是否实行车改及如何改

公检法司部门因需要执法值勤，因此大部分地区尚未开展公车改革。但这些部门公车使用存在一个问题，机关占全部警务用车比例较大（约占30%），而基层派出所因出警任务繁重，反而不够车用，存在头重脚轻的现象；另一方面，部分人员存在公车依赖症，导致警用车费用居高不下，财政负担沉重，因此公安系统部门迫切需要进行车改。

---

① 佛山市市直机关公务用车制度改革领导小组办公室.《关于明确市直机关车改实施范围及交通补贴发放等问题的通知》（佛直车改办［2010］3号）［G］. 2010.

惠州是全省乃至全国第一个作为整体推进公安系统车改的地级市。2011 年 2 月底，惠州市启动第五次市直单位车改，对象是惠州市公安政法单位 3 000 余人、700 多辆车。具体做法是压缩机关车辆、配强基层车辆、取消干部专车和非警务用车、按职级不同每人每月发放 500～2 800 元不等的公务交通费。经测算和论证，车改完成后惠州市局机关警用车辆保有量将裁减 59%。压减下来的 212 辆车，其中 41 辆作报废处理，156 辆车调整给基层警队（所），15 辆调整给市直车辆缺编单位，这将提高基层的车辆装备水平，实现未来三年少买甚至不买车的目标。①

佛山将公检法司等部门列入第二批市直车改计划中，拟削减这些部门的公车数量的 50%，保证有足够的公车执行执勤任务，该部门人员相应地按级别发放一半的交通补贴。

（二）区镇级是否参加车改

公车改革是否采取货币化模式，要视该地区的财力是否充足而定。由于经济欠发达地区公车运行的经费来源多元化，因此实行货币化车改反而会增加财政开支。惠州市博罗县已对车改进行了两次摸底，结果是尚未有财政承负能力，条件时机还不成熟。2010 年博罗县在车改工作中，采取“两条腿”走路的方式：有条件的乡镇推行货币补贴的公务用车改革制度；未具备条件的则实行定额管理制度，即按照公务用车、执勤执法用车和业务生产用车三类对全县车辆进行清理登记，喷印统一标识，与此同时将所有公车号牌、车型、用途在县政府网站上公示，为公众开展监督提供条件。②

“实行货币化车改反而增加财政开支”，这看似悖论，却是事实！“公车运行的经费来源多元化”一语道破，折射出公车机制存在的一些深层次矛盾和问题，从另一个侧面反映公车改革的重要性和必要性。

（三）企事业单位是否纳入车改范围

由于地方经济发展需要，一些经济、城建、国土、教育、卫生等系统的行政机关下面挂靠着一些企事业单位，这部分企事业单位是否纳入车改范围，将对车改效果产生一定的影响。

佛山市区级车改，没有将国企纳入车改范围，事业单位的车改也只选取参照公务员法管理的单位，其他类别的事业单位均没有参加车改。珠海市从 2001 年 11 月起实行车改，首先将试点放在市属国有企业，然后在机关事业单位推行，

---

① 惠州公安车改科员月补 500 元 [N]. 京华时报，2011-03-12.

② 钟伟连. 博罗整治公务用车——县直部门公车统一喷印标识 [N]. 南方日报，2010-07-16.

目前珠海国企车改工作已经全部完成，196 家市属国企共 343 名高级管理人员参加了货币化车改。[①] 惠州大亚湾西区办事处于 1999 年进行车改试点，该部门与办公室集团公司合署办公，是一个半机关半企业性质的单位，车改后保留 2 辆必要的工作用车，领导领取汽车补贴但不使用公车，普通干部则使用公车外出公干而不领津贴。

四、香港公车管理模式

香港地少人多，不可能无限量地增加私家车，因此并没有采用货币化公车改革模式，走的是一条完善制度、强化监督管理、大力发展公共交通的公车管理之路，其可取之处值得我们借鉴学习：

（一）严格控制公车使用范围

除了行政长官、政务司司长、财政司司长、律政司司长、终审法院首席法官及各决策局局长获得公务汽车和专用司机提供服务外，署长以下都要自己解决交通问题。

（二）严格控制政府公车和办公楼停车位数量

香港政府共有 75 个部门，全部的 6 303 辆公车中，有 3/4 为纪律部队等 7 个重要服务部门使用，其他部门车辆数目受到严格控制。为有效控制公车数量，香港政府制定了一些配套措施，最有效的是在政府大楼配备较少的停车位。

（三）大力倡导使用公共交通

香港公共交通准时，车次频密，能够满足公务员外出办事需求。据统计，15 万人的公务员队伍，有九成每天上班办事基本靠公共交通。此外，香港政府规定，公务员外出公干，须选择最廉价的交通工具（即地铁、巴士、出租车等），

“疏堵结合”是解决问题的两个重要手段。公车改革成功与否，很关键的一点就是能否有成熟配套的公共交通网络系统，如果公共交通跟不上，公车改革也难以取得预期效果。

导师点评

① 秦仲阳等. 取消公车改发补贴，不同地区各施各法［N］. 广州日报，2004-04-26.

只有在没有公共交通可到达目的地或有必要的情况下，才可以使用政府车辆。

（四）政府与公共交通合作无间

香港政府与43家出租车公司或商会签订合同，凡是政府部门因公事需要用车，可以电召出租车，费用按100港元/小时计算。据统计，过去两年，平均每年这项开支为26.5万港元，仅为购置一部普通轿车的价钱。[①]

五、加强公车管理与改革的建议

虽然各地的车改方案均明确了车改的实施范围、交通补贴发放、使用现有公车处置和司机安置以及监督保障配套措施，但随着车改工作的开展，仍会不断出现新情况、新问题。总体而言，公车改革要走符合我国国情、与社会主义市场经济相适应、与高效廉洁的行政管理体制相统一的道路。针对一些实际问题，具体建议如下：

（一）区别不同地区发展状况，循序渐进地推进公车的管理与改革

充分考虑各地经济发展水平和现行公车管理基础，根据不同情况制订公车改革的方案和推进措施。经济相对发达的珠江三角洲，由于政府财力充足、居民收入高、私车普及面广等优势，可以继续扩大车改试点；暂不具备条件的欠发达地区，如粤东、粤西和粤北地区，切忌“一刀切”，不必强行实施公车货币化改革。从各地车改的实践经验表明，公务员年均收入在5万元左右、私家车比例占20%以上的地区比较适合实行车改。

（二）科学确定车改范围和车改对象

针对不同地区、不同部门、不同岗位、不同工作的需要，合理确定车改范围和车改对象。有条件实施车改的地区

① 羊城晚报报业集团. 走进新加坡、走进香港［M］. 广州：羊城晚报出版社，2009.

“谁动了你的公车？”各单位公车使用者主要是单位的决策者，所以公车改革有一种“自己革自己的命”的味道。因此，要真正取得成效，还必须狠下决心、动真格、出实招。

和部门，除省部级正职以上领导，市县党委、人大、政府和政协“一把手”继续维持现行的专车制度，以及机要、执法等特殊部门继续保留公车外，一般均应纳入公车改革范围。对于企事业单位是否纳入车改范围，应因地制宜、区别对待，积极稳妥地推进这部分性质较为复杂、人数较多的群体开展车改工作。

（三）合理核定交通费补贴标准

核定车改后的交通补贴应从实际出发，交通补贴标准要与以下几个方面相适应，一是与当地经济发展状况、财政承受能力和居民收入水平相适应，二是与职务级别、岗位性质和实际工作量挂钩，三是与工资制度改革以及规范补贴等财政政策有机衔接，四是核定交通补贴标准要处理好公平与效率的关系。因公务交通费补贴属于职务消费范畴，不是职工福利，因此既不能过于悬殊，也不能搞平均主义，严禁借改革之名滥发津贴。现职人员退休、退职后，原则上不再发放公务交通补贴。

（四）严格强化对确需保留公车的监管

具体从以下几方面加强监管：一是严格公车编制和配置标准；二是明确对机要车、警车、消防车、急救车、抢修车、运钞车、接待车等特殊公务用车的管理主体、使用范围、监管责任和处罚规则；三是对执法等公车实行统一车牌标志、统一喷涂车体、统一标明使用单位和举报监督电话，便于社会监督；四是车改后确因工作需要而保留的普通公务用车，应实行集中车管，人车分离，专人保养，有条件的地方可安装GPS全球定位系统，或在公车上安装行驶记录卡，以便于对公车运行状况随时进行调度和监控；五是实行公车使用登记、固定加油、定点维修、统一保险等制度；六是充分发挥纪检、监察、审计等部门的监督作用，将对公车使用的监督纳入到纪检监察工作的范围，将交通补贴经费的发放纳入审计监督范围，提高公车使用效率和监管水平。

（五）车改应统筹兼顾、避免出现寻租

同一地区的各级党政机关和企事业单位的车改方案应同时设计、同步实施，并将党政机关和事业单位车改后的保留用车纳入统一监管体系，避免一些单位和个人向下级单位借车，或向下级单位转嫁交通费用的现象发生，避免公车私用以及补贴照拿、公车照坐的现象发生。与此同时，处理好改革与不改革的单位同城并存而产生利益分化的问题，这种现象多出现在省会城市或为政治中心的县（区）。

公车改革，大势所趋。但无论采取哪种模式，衡量公车改革成功与否，一是要方便工作，有利于提高工作效率；二是要节约资源，尽量为纳税人节省开支。

（六）大力发展公共交通系统

大力发展公共交通是推进公车改革的一项重要配套措施，使人们除购买私家车作为办事或代步工具外，还有更多的出行选择。一方面使公车改革有成熟的物质条件和良好的舆论环境；另一方面也符合目前提倡的绿色环保理念，香港、伦敦、纽约等国际大都市正沿用这样的思维模式。

六、结语

公车改革，大势所趋。对于货币化改革模式的应用，其本身就是一次利益调整，不是一蹴而就，非常考验政府的智慧和能力，必须突破体制的束缚，推动相关配套制度的改革，并不断加强监督管理。只有这样才能走出一条有中国特色的车改之路。

公务车改革之重仍在机制完善

李铧屹　梁志华

“三公”消费历来是社会监管党政部门的重点，带有鲜明特权印记的公车更是重中之重，“车改”便是中央及各级地方政府绕不开的课题。

近年来，针对机关公务车消费问题，各地政府纷纷出台改革措施，如货币补贴、统一管理等，但收效甚微。2011年，中央和国家领导人先后发出坚定不移走公务车改革之路的声音。1月，胡锦涛在中央政治局会议上明确提出，要集中力量解决反腐倡廉建设中人民群众反映最强烈的突出问题，深入开展公务用车问题的专项治理；3月，温家宝在全国人大代表大会上的政府工作报告中第一次提到“车改”问题，强调2011年（公务）车辆购置及运行费用等支出原则上零增长，切实降低行政成本。

车改是大势所趋，其本身是一次利益调整，必须突破体制的束缚，或以此形成倒逼机制，推动相关配套制度的改革。本文就目前车改过程中出现的问题，结合一些地区的好经验和好做法，重点从机制完善入手，试图探索我国如何走好车改之路。

一、我国公务车使用的现状

我国大陆地区当前的行政管理模式为公车的存在提供了看似合理的基础，但公车配备率极低的香港，其行政效率却远远在大陆地区之上，这一点值得思考。

公务车，是指国家党政机关和社会团体由各级财经部门全额或差额拨款所配置、用于公务活动的车辆，它一般需要经过一定的行政手续报批，原则上有规格、级别等条件的限制，其目的是为了提高办事效率、确保行政机关工作正常运行。我国现行的公务车机制，基本上是对苏联模式的借鉴，也是计划经济时代沿袭的产物。

当前我国行政管理模式还是少不了集中开会、检查指导和基层调研等方式，有效的会议、检查和调研将有助于各项方针政策、决策部署的上传下达、贯彻落实。因此，正常的公务车配备有其存在的必要性、合理性和正当性。

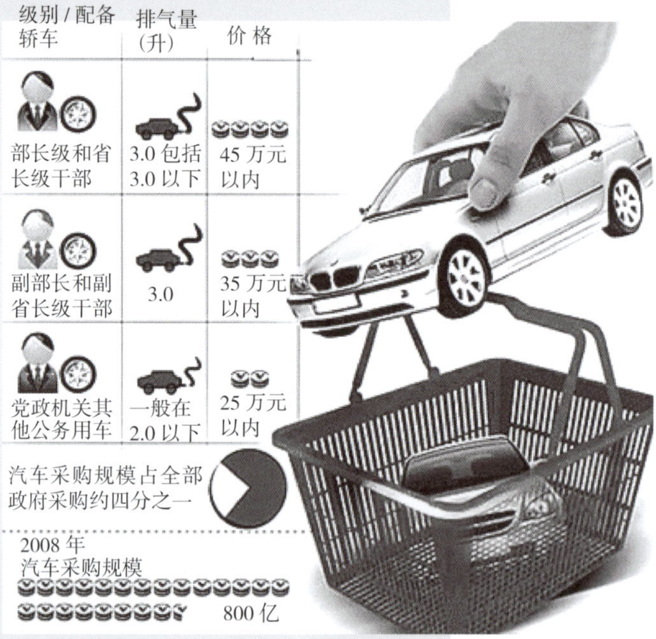

在不少人的观念中，仍把公务车当作一种身份的标识，导致公务车攀比成风，出现诸如公车私用、公车滥用等公车消费腐败问题。概括来说，公务车的局限性主要表现为以下几方面：

（一）公务车采购开支庞大且持续增长

据统计，2004 年我国政府采购的规模是 2 200 亿元，其中汽车采购高达 500 亿元①。到 2008 年政府公务车虽经前几年大量采购似仍未满足需求，在政府采购总额中仍占 1/4，达 800 亿元，每年以 15%的速度递增，远超我国 GDP 的增长速度②。这种触目惊心的采购规模还在持续增长中。

（二）公务车管理黑洞造成巨额养车费用

公务车管理包括两方面，一是核准编制，二是修理维护。在核编方面，几十年如一日的公务用车编制规定，严重脱离实际，加上管理不严、人情审批和经费多元化等主、客观因素，一些地方尤其是基层单位，小汽车超编的现象相当普遍。在维护方面，据某市交通局公路稽查大队的调查显示，公务车修理费用是私车的 6 倍，原因就在于其中有各种回扣和好处；每年一辆公务车的运行成本（包括工勤人员薪酬待遇）不少于 6 万元，地方公务车支出占财政支出的比例在 6% ~ 10%，其必定挤占当前必需的公共社会事业开支。

在黑洞里面只讲交易，没有效率。

① 杭州机关公车改革被指带来新腐败，恐成变相加薪［N］. 今日浙江，2009（7）.

② 赵凌. 官车“宝马化”后果：政府采购遭遇制度伦理双重挑战［N］.南方周末，2009（6）.

导师点评

相较于配备公车的必要性和正当性，现实中公车使用所带来的弊端日趋显现。

（三）公务车私用使政府形象受损

据不完全统计，目前公务车公用、私用、司机用各占1/3，也就是公务车只有1/3的时间用于公务，在观光旅游、婚丧嫁娶、走亲访友等场合，都不难见到公务车的踪影。公务车私用实际上就是公权私用，虽然国家三令五申严禁，新闻媒体也屡有追踪监督报道，但公务车私用现象仍屡禁不止，这使政府形象受损。

（四）公务车使用效率低下，隐形浪费严重

一些领导用车，除了接送上下班和出差外，许多时间车辆和司机都是闲着的。有人曾作统计，马路上的出租车运行效率是公务车的5倍，但它的运输成本仅为公务车的13.5%。

（五）产生"公务车依赖症"

有的人参加会议、基层调研，无车则足不出户，该办的事不办或拖着办，严重影响正常的工作，助长了不少人的官僚主义作风。

显而易见，公务车不合理的消费和不到位的管理，一方面给财政带来沉重的负担，另一方面严重影响党政机关在人民群众心目中的形象。公务车问题已经不仅仅是一个纯粹的经济、管理问题，它已经上升到政治高度，成为执政党遭受公众诟病的重要话题之一。因此，全面推进公务车改革已成为当前党和政府亟须解决的任务。

二、国内公务车改革滞后原因剖析

虽然公车改革近20年，各地也总结了车改模式，但离人民群众的要求还有很大的距离。

我国各级政府历来重视公务车管理问题。1994年，中央办公厅、国务院办公厅联合发出《关于党政机关汽车配备和使用管理的规定》；公务车改革试点最早从1997年在广东省开始；1998年9月，国家发改委启动部分中央机关的车改试点，同时也在浙江、江苏、北京、湖南、重庆等省市的部分地区试点；至2003年，全国政协委员提交了公务车改革的提案，由此出现了2004年前后的全国性公务车改革

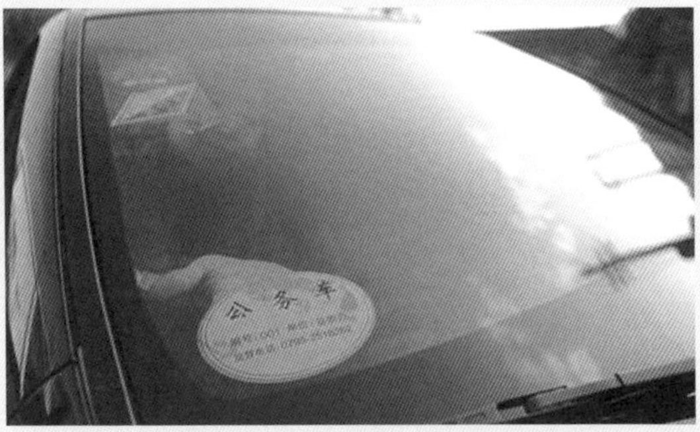

高峰，北京、广东、上海、浙江、江苏等地当时都曾尝试公务车货币化改革。综合各类资料，至2010年全国的公务车改革主要采三种模式[①]：一是取消公务用车，发放交通费用补贴；二是成立专门的社会化公务车管理机构，实行集中统一管理；三是政府提供购车补贴，鼓励个人贷款购车。

专家认为，公务车改革是否有实效，主要看三个“能不能”，即能不能降低行政成本，能不能真正解决老百姓反映强烈的涉及公务车腐败问题，能不能保证工作效率和行政效率不受影响。[②] 全国范围内掀起的公务车改革虽然得到党中央和政府的支持，但部分地区的改革不是很快夭折就是中途搁浅，从整体效果而言，车改呈滞后状态。究其原因，主要有三个方面：

（一）以减轻财政压力作为公务车改革的政策目标过于简单化

经过车改，多数地方发放补贴的做法可以减少30%左右的财政开支。以杭州市为例，西湖、江干等7个先行试点公务车改革的区，车改前公务车费用9 354.7万元，车改后实际开支5 796.02万元，下降38%；首批参加公务车改革的21家市级机关，近两个月来公务车费用下降32%。但如果把这些作为公务车改革的目标，也未免简单化了。辽宁省某些区委书记、区长一年“车补”7～8万元，降低了公务车费用，剧增了个人收入，由于这笔个人收入来源于财政，便存在将灰色收入合法化的误区。

在社会监督机制缺失的条件下，最怕这边车补增不少，那边公车减又增，在车改领域上演政府机构改革“膨胀—精简—再膨胀”的“样板戏”！

（二）公务车改革措施缺乏法律依据

这是导致各地政府公务车改革不断反复的重要原因。公务车数量从20世纪80年代失控以来，全国性针对公务车管理的法规和文件并无出台，只有1994年和1999年两个非常简单的管理规定。2003年2月，中纪委二次全会工作报告中明确提

① 赵凌. 官车“宝马化”后果：政府采购遭遇制度伦理双重挑战[N]. 南方周末，2009（6）.

② 浩宇. 杭州局级干部不领车贴重用公车引质疑[J]. 商周刊，2011（1）.

出“鼓励支持有条件的地区和单位积极稳妥地进行公务接待、公务用车和公务员福利制度改革工作”。2003年10月，中共十六届三中全会正式提出改革领导干部职务消费的要求，并将公务车改革纳入其中，但这些都是原则性的规定，在制定公务车改革政策中，缺乏法律效力，难以成为改革的有力依据。比如，某些车改的补贴标准是在原来公务车开销费用基础上调减后得出，其中包含了太多不合理、不合法的费用开支。

（三）部分政策持续执行性较弱

由于缺乏整体性制度规定，没有把公务车改革方案上升到法律层面，改革的权威性不足，使得地方政府在碰到阻力时很容易回到原轨道。比如，杭州市政府以打车难为理由，让局级干部重新使用公务车。

三、公务车改革必须坚持走“完善机制”道路

完善机制仍然是公务车改革的重点，是公务车改革的必经之路，必须坚持不懈地走下去。要使改革达到预期目的，减少财政负担，进一步树立政府正面形象，有效避免公务车腐败等问题，完善机制时应把握好以下几点：

（一）公务车改革法制化

公务车改革有法可依，是制定公务车改革政策、推进公务车改革的基础。由全国人大及其常委会负责，财政部具体牵头制订方案，在全国范围内公开与民主地征询意见，提高其权威性。其内容充分考虑中国国情，并吸取国外经验，以法律规范的形式颁布，尽量详细、科学，具有可操作性和合法性，尤其对违法行为必须有明确而具体的惩罚条款，走上“有法可依、有法必依、执法必严、违法必究”的法制化改革之路，以此避免由于领导更换或思想变化而使改革反复。

（二）明确政策目标

主要政策目标应建立在刚性财政预算约束下的公务车管理体系。首先，以预算管理实现总量控制，把公务车管理纳入公共财政体制。目前根据文件规定，我国只有正部级官员才有资格配备专车，副部级官员以下都只有工作用车。然而，实际上许多市、县、乡镇领导都有专车，而且其中不少都超过了排气量2.0升以下、价格25万元以内的配备标准。

公车法制化的基础是公开化。没有透明度，法规易成一纸空文。2012年6月国务院公布的《机关事务管理条例》是我国第一部专门规范机关事务管理活动的行政法规，当中对公务用车的购置和运行费用提出了明确的规定，对推动公务用车改革具有重要意义。

每级政府都有公车需求，当然不能以行政级别来设定配备条件。补贴标准去行政化级别，以实际用车量为基础，是对车改中特权思想的突破。

因此，公务车改革的第一步，就是建立刚性的预算约束，严格管理公务车采购。然后，才是改革管理，降低运行成本，提高行政效率，减轻财政开支，逐渐推进公共财政建设。

（三）优化改革方案

改革方案建议从以下几方面进行优化：①公务车总量规定和配备。坚持 1994 年规定，省部级以下官员全部取消专车，只有公务用车。②保留一定数量公务用车。数量按照当地经济发展水平和常住人口核定，由人大批准控制。③学习瑞典、英国等国经验，电子监控所有公务用车。监控机构不受当地政府领导，直接对上级负责，而且可以在网上公开查询记录。④大规模用车社会化。由政府向租车公司公开招标或租用，驾驶员安排可参照国有企业人员分流办法进行。⑤公务车的保养也向社会公开招标，结算由财务和维修点进行，司机个人不介入。⑥对不配备专车的公务员实行适当交通补贴。补贴标准参照国外经验，不按行政级别，而是以居住地和单位的距离油耗标准计算，或使用地铁、公交车等公共交通工具刷卡免费，紧急事务用车由公务车解决。

（四）强化政策执行和法律监督

我国公务车泛滥的原因之一，是缺乏有约束力的制度和措施的保障，导致从来没有人因为使用公务车不当而受到相关惩罚。因此，一方面我们要建立由社会公众广泛参与的监督制度体系，如可建立媒体监督、群众举报制度，凡是被曝光或被举报的公务车，必须对其使用者加以通报、惩处；另一方面加强政府系统对公务车使用的纪检监察力度，如把公务车的使用与干部的德才、考核、晋升相结合，此外政府可尝试临时设立“车改办”，对车改的政策进行贯彻和监督，不定时、不定点地加强检查。这样，公务车改革才能更为具体、深入而有效。

社会监督和法律监督是我国车改成功的重要保障。公众监督的前提是公开使用信息。

只要有公务需要，公车就不可能取消。但应大幅压减公车数量和适用范围，加强公车购买和使用管理，提高公众监督效率，大幅度降低公车运营费用。

（五）大力发展公共交通系统

衣食住行是人们主要的日常活动，取消公务用车，人们除使用私家车外，还应有更多的出行选择方式。大力发展公共交通，一方面使公务车改革有成熟的物质条件和良好的舆论环境，另一方面也符合目前提倡的绿色环保理念，香港、伦敦、纽约等国际大都市正沿用这样的思维模式。

GPS“管”公务车是一种新探索

陈　华　林明志

2010年8月，广州市黄埔区为杜绝公车私用等现象，在公务车管理上使用了新招：在公务车上安装GPS+RFID车载电子监控系统，将公务用车管理纳入了电子监察系统。该电子监察系统抑制公务车“私奔”的四大高科技手段分别是：GPS定位、领导上车刷工作证、建“电子围栏”对违规用车进行监管、月底系统自动生成报表作为费用报销依据。

为了推广此项改革，广州市于2011年8月底对市、区两级1万多辆公务车全部安装GPS。

当前，全国各地都在积极推动公务车改革。然而不少地方由于各种各样的原因，公务车改革陷入了僵局。加强公务车管理，切实减少公车私用、滥用等情况，成为降低公务用车开支的一个有效途径。以GPS“管”公务车，虽然社会褒贬不一，但不失为一种新探索，能为一路艰难的公务车改革注入新的活力因子。

一、GPS“管”公务车之利

以GPS这样的科技手段来推进公务车改革，其客观效用在一定程度上是明显的：

（一）直接减少公务车使用费用

这一方面，试点单位的成效最具说服力。目前，黄埔区财政全额保障的区级党政群机关、参照公务员管理单位、具有行政职能事业单位和各街道办事处，除特种车辆及环卫、绿化车辆外，其余388辆公务车已全部安装完成该电子监控

降低行政成本和杜绝公车私用，是公务用车改革最主要的两个目的。在目前公务用车改革尚未提出合理、完善且能让老百姓满意的解决方案之前，运用科技手段对公务用车行为进行约束，也是一个可行的选项。但是，具体还是要从当地的财政状况出发，毕竟GPS车载电子监控系统的花费也不是一个小数目。

系统。[①]据悉，自启动该项公务用车管理试点工作以来，黄埔区公务车使用费用比之前节约了 24%。一份来自黄埔区 53 个单位的 771 份调查问卷显示，赞成加强公务车管理的达 88%。

（二）抑制公务车私用的欲望

公务车本身不腐败，公车私用才是腐败。公务车与GPS两者“联姻”是否可以切实纾解公务车腐败顽疾？客观地说，GPS多少令公务车私用者有了些后怕。四大科技手段的第一招为“卫星定位实时监控系统”，装上了GPS，技术人员只要在监控室内就能看到某辆公务车的出行状况，还可以还原其轨道路线，只要选择某个历史时段，地图上立即能滚动显示该车的历史运行轨迹；公务车上安装了RFID射频识别技术的刷卡机，工作卡里也安装了芯片，用车人上车必须先刷卡，其姓名、所属部门便自动传输到监控平台。因此，谁在使用公务车、公务车开到了什么地方，监控室或者纪检部门都能通过网络一目了然地掌握。除此之外，车辆的使用范围也严格限定，执法车只能在黄埔区境内活动，而其他公车的活动范围也设定为广州市。一旦离开设定范围，将自动报警。如果有时需要用公车外出开会，则凭开会通知进行核销，但原始记录依然保存，单位可以抽检，去了不该去的地方都可以查出来。如此一来，私用公务车之人无疑感觉身边多了双眼睛，心里多少有些不淡定。

---

① 罗桦琳. 黄埔区：治理“堵”“禁”“疏”结合，公务车花费减少 24%［N/OL］. 广州日报，http：//gzdaily.dayoo.com/html/2011-01/31/content_1258705.htm，2011-01-31.

（三）将外国经验融入中国实际

在以科技手段管理公务车方面，瑞典是典范。该国设计了一套“公务汽车监控系统”，在每辆公务车上安装了带“公用”和“私用”字样的双按钮的计程器和代码发射器，一个按钮上刻着“公务”，另一个按钮上刻着“私用”。任何人用车时，必须先按下两个按钮中的一个，车才能启动。按钮按下后，代码发射器就将该车代码发往监控卫星，监控人员将进行核实，据此对开车者进行收费或罚款。尤为重要的是，监控机构实行垂直管理，不受当地政府管理，有效遏制了公务车私用现象。①广州在黄埔区的试点做法跟瑞典的大同小异，而且融入国内公务车私用较多的实际情况。师夷长技以治“私”，结合自身实际加以创新，对推动公车改革的整体进程是有利的。

二、GPS“管”公务车带来的质疑

GPS系统确实可以监控公务车使用情况，但能否真正杜绝公务车私用，引起了以下几方面的质疑。

（一）GPS监管公务车，谁来监管GPS

如果监管GPS的主体是公务车使用单位，监管的信息也不对外公布，如此“垄断”，单位很可能会对一些违规现象睁一只眼闭一只眼。一旦被人发现安装的这个“玩意”也只是“只看不说”，就像古老的“狼来了”故事，上述的“24%”估计迟早也难保。公务车反腐之所以难，其实就是难在“自己反自己”。如果在“GPS监管公务车”这件事情上，政府既当“运动员”又当“裁判员”，监督肯定难以落到实处。因此，此类技术要发挥作用，还得要最大限度地让公民了解GPS监控情况，例如定期（例如一周，不迟于一个月）在媒体和官方网站上公布GPS监控记录，并要求公务车使用人能对“嫌疑轨迹”作出合情合理的说明。对于“监管”的问题，有民众认为，与其花巨额使用GPS高科技手段进行监管（据统计，该系统每年的维护费用为44万元左右），不如使公务车置于全社会监督之下，例如在公务车车身标注“仅用于公务”字样，同时标注监督投诉电话，创造条件让民众协助

GPS 系统是用于监测的，本身并没有控管的功能。通过科技手段解决了“监”的问题后，还是应该通过制度把人的行为“控”起来。只有这样，才能真正达到“监控”的目的。

柴

导师点评

① 柴永强. 我国公务车改革需自上而下推行，国外经验值得借鉴［EB/OL］. 中国网，http: //ganzhi.china.com.cn/news/txt/2011-02/24/content_21994944.htm，2011-02-24.

党委和政府监管公务车。

（二）公务车的“私用记录”是否有配套的责罚制度

通过技术手段进行管理，除了要完善监督管理机制，还要配套严格的处罚条款。如果“罚单”开不开、怎么开不甚明朗，究责的诚意与反腐的决心都不免令人生疑。美国联邦政府机构也运用GPS对公务用车实行监控，但他们对违规使用公务车有明确的处罚规定，联邦政府工作人员如违规使用公车，将受到停职一个月甚至开除的处罚。广州市“两会”上，市政协委员韩志鹏建议，定期公布GPS监控记录的同时，还应公布其违规使用公务车的处理意见；如有出现瞒报公务车辆、蓄意损毁公务车标志的单位和人员，要进行责任追究和处罚。区纪委、监察局可以根据账面记录，对用车绩效、配额等定期进行分析评估，对出现异常情况的车辆作出预警，违规使用车辆将通报批评。广州市委党校党建专家梁宏副教授也认为，此举是应该鼓励的，尤其是监控平台应设置在纪检监察部门，并结合相应的管理考核制度，对私用公务车和上班时间脱岗离线的公务车当事人实施严厉的处罚措施，这样的监督才能取得实效。技术手段并不是问题，关键是政府有多大决心制定各项配套管理制度去落实该项公务车改革。

高技术和严制度的“双管齐下”，才可以有效推行GPS监管公务车。

（三）公务车反腐应该信技术还是信制度

公务车改革的目的，一是要减少公务车数量，二是减少公务车私用，三是减少公务车开支。如果套用上述标准衡量，黄埔区采取的方法，一是没有减少公务车数量，

只是给每辆公务车上加装了一套监控设备；二是虽然减少公务车私用却没有制定惩罚制度；三是减少公务车开支但没有指标，如果执行乏力，反而增加财政支出。可见，技术的优势如果不能通过制度的形式体现出来，那么再好的技术也只是徒具观赏意义而已。

三、如何让GPS“管”到实处

作为对公务车改革的探索和尝试，如何用好GPS“管”好公车；如何消除质疑，让社会更多地接受以科技协助管理公务车，我们需要更多的思考和实践。

（一）明确正附

纵观全国各地的公车改革措施，无论是发车补、贴“身份证”，还是安装GPS，其最终落脚点还是在制度的执行上。缺乏全面有效、执行有力的制度，任何方式都只能产生短期效果，无法根本解决当前公务车改革的种种难题。

2010 年 3 月下旬的国务院第三次廉政工作会议上，温家宝曾明确指出，目前我国已经具备了公务用车配备使用制度改革的条件，要在严格规范公务用车配备使用的同时，加快推进公务用车配备使用制度改革。当前，公务用车在管理主体、经费渠道、标准规模等多个方面存在的不规范，暴露出具有刚性约束的管理制度的缺失。公务用车主管部门应抓紧制定具有可操作性的制度办法以提升话语效力。推进公务用车实物定额制度，制定单车年运行费用定额标准，完善公务用车油耗和运行费用统计报告制度，进一步压缩公务用车经费支出。公务车辆使用部门也应当严格界定适用范围，规范使用审批程序，加强日常使用管理，提高车辆使用效率。因此，GPS“管”公务车只能是公车改革这份“红头文件”的“附件”之一。公车改革的正文应该是制度。明确了这一点，就为GPS“管”公务车定了位。不能

以GPS来建立制度，而必须以服务于整体的公务车制度改革来完善这种方式。

新的尝试总是会产生质疑，作为公务车改革的一个探索，应该让质疑成为深化改革的动力。在完备监管制度、减少高技术支出费用、辅以其他监管手段三个方面加以提升和改进。

（二）多采用国内技术

目前对GPS的质疑之一是以巨资购买技术和设备，变相增加了公务车管理的成本，尤其是购买外国技术及设备，其成本会更重。相比较而言，使用国内技术不仅能降低成本，而且能促进民族科技的发展，贴近国情，更好地推动以科技管公务车。据了解，此前的黄埔区试点中，采用的GPS技术是美国的，而设备采用的是目前国产最新的北斗卫星导航系统，该系统由国家扶持、推广，享受政府补贴，价格要相对便宜。全广州市约1万辆公务车选用国产系统，至少为初始安装系统省下了近1 000万元的费用。除此以外，若能让更多成熟过硬的国产技术参与政府使用GPS的招投标，建立更为公开透明的竞争机制，则更有利于使用成本的降低和科技管理手段的提升。另外，各部门安装GPS的费用最宜由所在部门经过财政审批的车辆使用费用中支出，不必再经财政另行拨款。

2012年7月1日“限车令”出台后，对政府采购公车同样采取摇号和竞拍的方法，这无疑对公务车改革起到了重要的辅助作用。

（三）与其他方式配套使用

以GPS“管”公车，必须与其他科技手段配套使用，堵塞各种漏洞，最大限度降低人为的“防GPS”。如在定位和记载使用者行车轨迹的前提下，若能增加有效提醒公车私用的功能最佳。与此同时，科技手段必须与其他各种非科技手段共同使用，如增设公车标志等，形成在方式上以GPS为主，其他方式为辅，共同治理公务车的改革模式。

广东秘书人员工作与生存状况调查报告

莫嘉丽　王梦禹

一、调研目的和意义

为了深入了解广东省党政机关、企事业单位秘书人员的工作和生存状况，我们主要以广东企事业单位的办公室人员为抽样人群，从秘书职业所需具备的素质和能力、秘书人员的职业培训需求、秘书职业的发展前景等方面，收集广东省内党政机关、企事业单位秘书职业人士的基本信息和从业感受，了解他们的利益诉求，从中把握他们的生存状况、行为模式和价值取向。本调查可为广东乃至其他地区的秘书行业发展、秘书个人的职业发展提供参考，向用人单位提供客观的职员需求及改进建议。同时，本次调查还可为我校“高级秘书与行政助理”硕士研究方向的学科建设和专业课程的设置提供一些有价值的参考数据和事实依据。

秘书人员的生存状况，需从办公室人员和类秘书中获悉，并从三者之间的比较中总结各自特点。

二、调研对象的定位

本次调研锁定对象为党政机关、企事业单位的秘书人员，主要涵盖专职秘书、行政助理、文员以及勤杂人员等常见的岗位工作人员，由于后者的工作与严格意义上的专职秘书有联系也有区别，我们将此类称为“类秘书”。接受调查的群体基本具有以下特征：

(1) 工作地点集中在广州市、深圳市及佛山市；
(2) 主要从事秘书工作或类秘书工作；
(3) 接受过高等教育，学历多为本科及以上。

三、调研方法

本次“广东秘书人员工作与生存状况抽样调查”时间为2010年12月1日至2012年2月29日，历时15个月。本次调查调动了暨南大学选修秘书学的本科生及硕士生，以调查问卷的形式在珠三角地区的广州、深圳、佛山等广东重要城市展开，采取现场发放、网上问答和电话问答的方式在党政机关、企事业单位散发匿名调查问卷。本次调查共发放问卷1 700份，经回收整理，得到有效问卷1 504份。本次抽样数量较大，有一定的覆盖面。

四、问卷内容设置

(1) 秘书人员的基本情况：包括性别、年龄层次、工作年限、职业定位等；

(2) 秘书人员的工作性质及岗位：通过单位性质、就业形式、办公室机构的岗位设置和秘书人员设置比例、工作量、加班工作时间等题目体现；

(3) 秘书人员的幸福指数：该层面的考察主要通过调查对象的待遇情况、住房情况、身体状况、职业认同度、人际关系、工作压力等相关题目交叉涉及；

(4) 秘书人员对学习（或职业培训）的需求：通过学历程度、职称程度、参加专业学习的情况及认同度、岗位能力需求、秘书前景及职业化发展建议等题目体现。

五、情况分析

(一) 基本情况

受访者均为在职办公室人员，年龄主要分布在20～50岁，且从事相关工作在10年以内。其中专职秘书占14.76%（共222份有效问卷），非专职秘书但工作性质与秘书相似的工作人员占22.27%，其他办公室人员占62.97%。本次报告所分析的数据，主要源自222份专职秘书所填问卷。当秘书反映出的数据与其他办公室人员出入较大时，则会进行专项对比，从而凸显秘书工作者的生存状况。

女性仍占秘书工作者中的大多数。从实际情况来看，企业的秘书从业者以女性居多，而党政机构的秘书则多为男性，这是一个值得关注的现象。

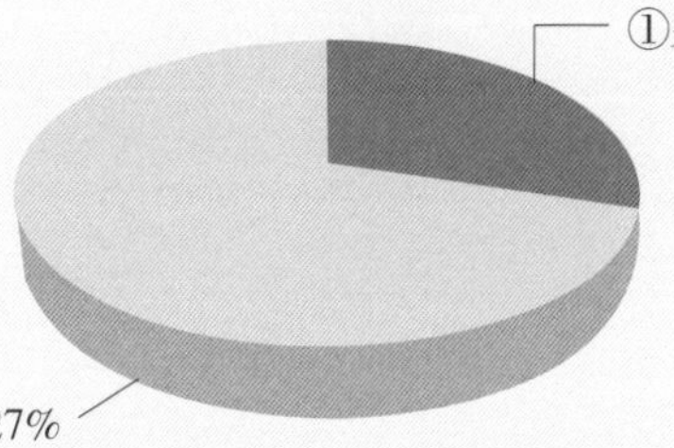

导师点评

1. 性别结构

首先，接受调查的专职秘书以女性居多。本次问卷调查中，还包括所有从事秘书相关工作的从业人员，即问卷中所提到的“类秘书”。统计显示，类秘书工作者中，男性所占比例为 28.06%，女性则为 71.94%，与上图所示专职秘书的性别比例极为相近。由此可见，工作较为细致、沟通能力较强的女性，更适合秘书、类秘书工作。

2. 年龄结构

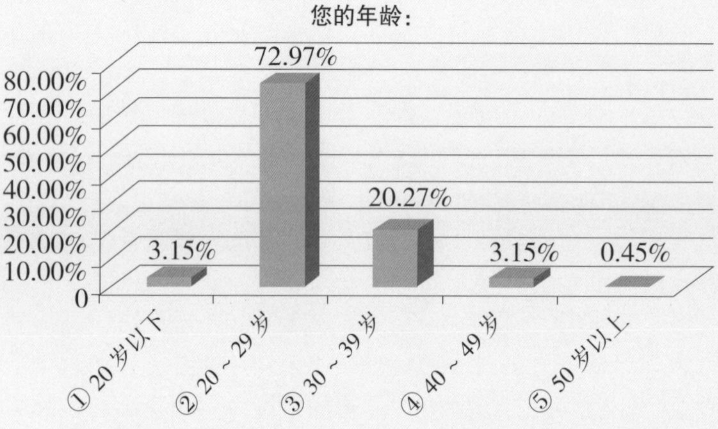

年龄层次上，受访者主要集中在 20 ~ 40 这个年龄段。从上图可清楚看到，20 ~ 29 岁的年轻职业群体是秘书人员的主要组成部分，这是由秘书及类秘书的工作性质所决定的。秘书工作不仅要求工作者具备相当高的专业素质，而且对于工作者的“灰色技能”也有一定的要求，因此充满活力的年轻人成为各公司、机构招聘办公室人员的首选。同时可见秘书人员 40 岁以后职业转型问题的凸显。

3. 婚姻状况

婚姻状况基本与受访者年龄状况吻合，因半数以上的受访者低于 30 岁。

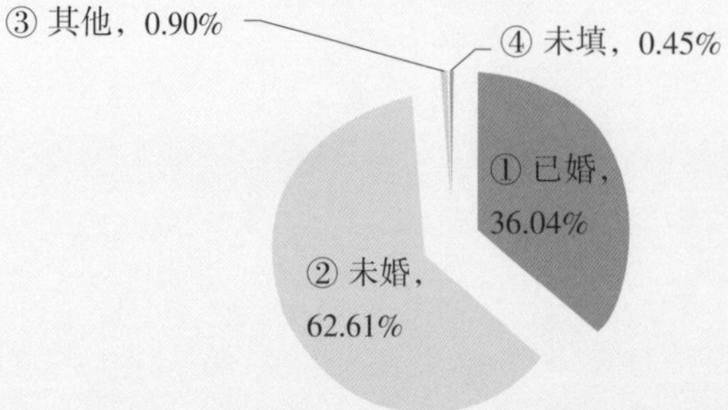

以办公室人员为基础，类秘书人员为参考，秘书人员为重点解析对象，便于分析秘书与其他办公室人员的异同。

4.职业定位

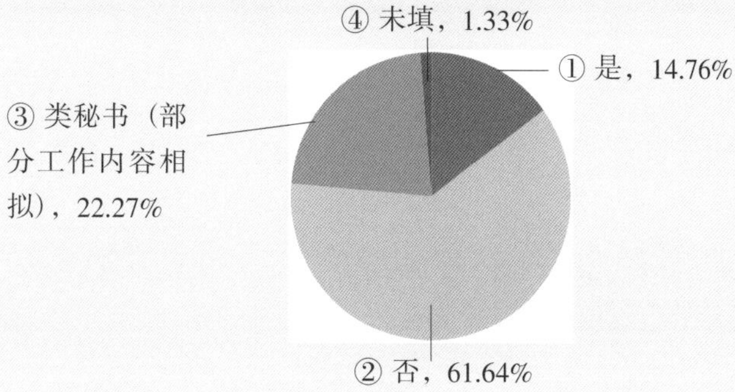

此题展示的是 1 504 张有效问卷的总体数据。其中，专职秘书所占比例为 14.76%，不是专职秘书但实际负责秘书工作的人员占 22.27%。本报告只针对其中 14.76%从事专职秘书工作的受访者所填数据做重点分析，时而对比类秘书或其他办公室人员的境况，从而科学、客观地反映秘书的工作与生存状况。

（二）单位工作性质

1. 单位性质

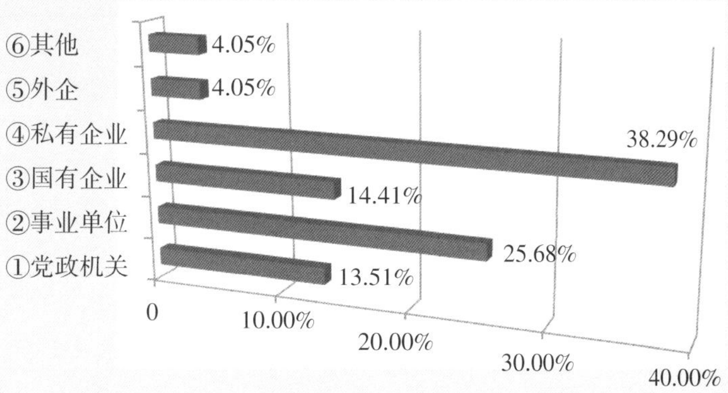

数据显示，此次接受调查的单位中，党政机关、事业单位、国有企业、私有企业、外企所占比例分别为 13.51%、25.68%、14.41%、38.29%和 4.05%，基本囊括了设立秘书岗位的各类单位。各性质的单位都有参与调查，各自所占比例较为平均。虽然同是秘书工作，但各种单位的职能不同，秘书的职责也各不相同。从各种性质的单位收集的调查数据，可以客观地反映秘书工作与生存状况的普遍性。

2. 就业形式

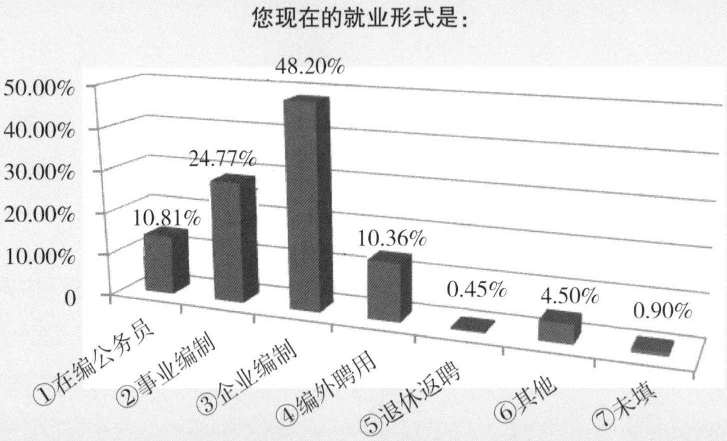

编外试用的人员只占一成，其他人都在各自单位的编制以内。此项数据表明：秘书的工作岗位较其他职业而言，有较高的稳定性。

3.人员构成

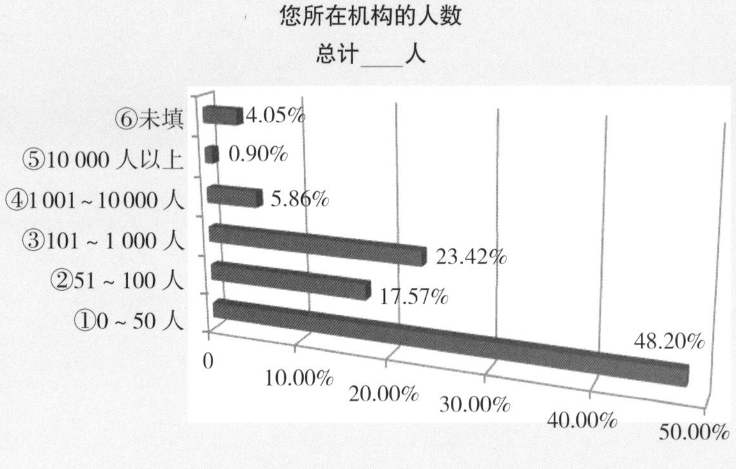

此次调查覆盖单位较为全面，采集的数据相对客观。单位规模共分“0 ~ 50 人”、“51 ~ 100 人”、“101 ~ 1 000 人”、“1 001 ~ 10 000 人”及“10 000 人以上”五种类别，分别占总数的 48.20%、17.57%、23.42%、5.86%和 0.90%。被调查单位人数为 1 000 以下的占九成，此项数据在一定程度上反映出广东地区大、中、小型单位所占的比例。

受访单位中，小型企业较多，所得数据反映出的多是该性质单位的秘书生存状况。

您所在机构的办公室人员

总计___人

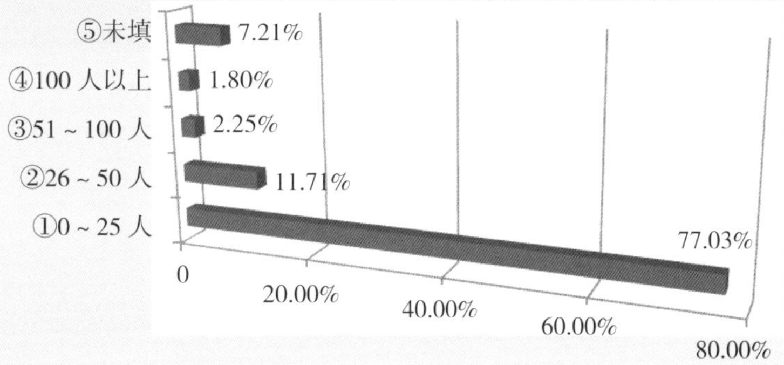

部分题目诠释不明，给受调查者带来答题障碍，应在问卷设计过程中避免产生歧义。

受访者对本题题意的理解有偏差。大部分受访者误将此题人数理解为自身所在办公室的总计人数，而不是本调查想了解的受访者所服务的集团的办公室人员总数。设置本题的初衷是为了了解办公室人员在各单位中所占的比例，因主观原因未能达到调查目的，目前此数据多为受访者个体所在具体办公室人员人数。

您所在机构的专职秘书

总计___人

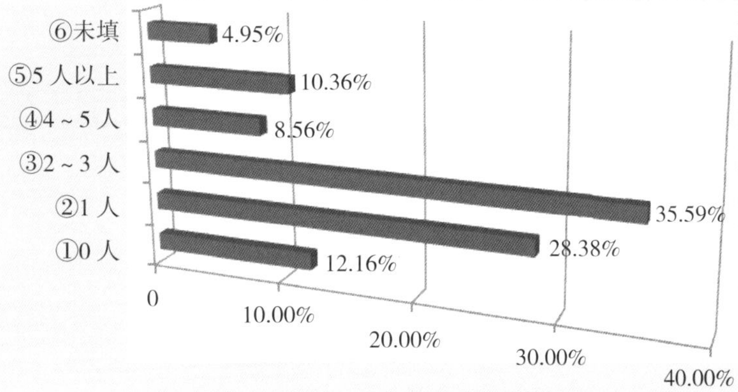

在分工细致的大中型企业或公务员系统中，一般设置专职秘书一名，小型企业无特别设立，顶替秘书职能的办公人员多为行政助理或行政专员。

拥有 1 ~ 3 名秘书的单位中，总人数小于或等于 100 人的占 78.17%，大于 100 人的占 20.42%；拥有 3 名以上秘书的单位中，总人数小于或等于 100 人的占 40.48%，大于 100 人的占 59.52%。可见，秘书的人数与办公室人员的总人数成正比。

您所在机构的行政助理

（或经理助理）总计___人

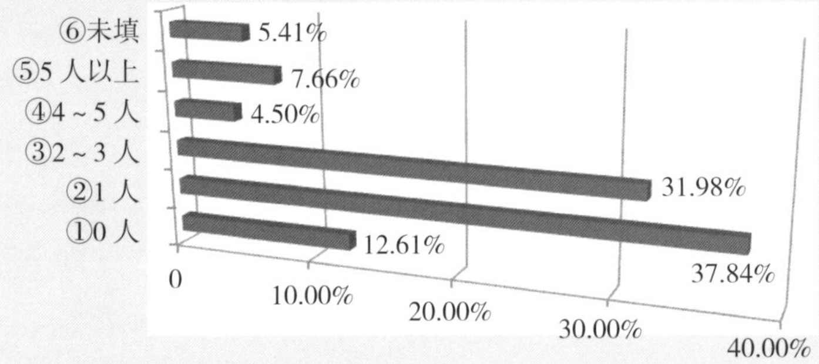

拥有 1～3 名行政助理的单位中：总人数小于或等于 100 人的占 78.06%，大于 100 人的占 21.94%；拥有 3 名以上行政助理的单位中：总人数小于或等于 100 人的占 25.93%，大于 100 人的占 74.07%。同秘书一样，行政助理的人数也与办公室人员的总人数成正比。

结合以上两项数据可知：专职秘书在办公室人员中所占的平均比例为 6.04%，行政助理在办公室人员中所占的平均比例为 4.82%。在所有受访单位中，专职秘书在办公室人员中所占的平均比例为 5.12%，行政助理在办公室人员中所占的平均比例为 5.42%。专职秘书和行政助理的人数，在各自单位中所占比例相当。

秘书和行政助理是各种规模的单位中都需设立的岗位。秘书和行政助理的数量，是由服务对象的数量决定的。单位规模越大，秘书和行政助理的人数就越多。所占比例少，是因为两个岗位多为办公室主任或者部门经理服务，职责较为明确，各部门在通常情况下只需 1～2 人。虽然人数较少，但这两个岗位是各单位服务机构中不可或缺的组成部分，对素质要求较高，竞争较为激烈。

您所在机构的办公室文员

（或企业白领）总计___人

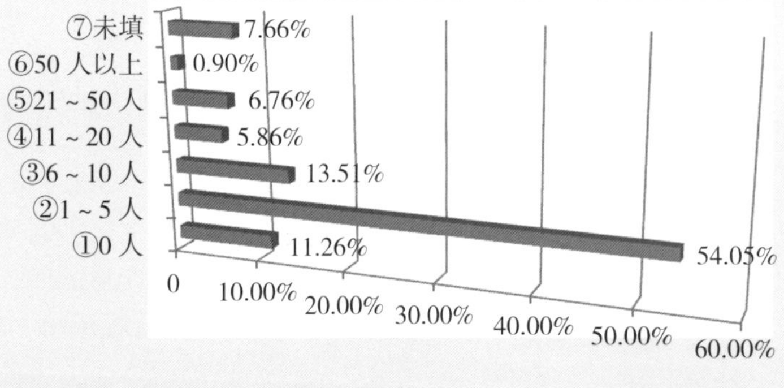

办公室文员，有普通意义上的专门从事文件处理工作的员工，其中包括：行政文员、人事文员、文案文员、档案文员、销售文员等。除此以外，还有非普通意义的文员。再加上企业白领，概念复杂以致难以体现调查初衷。

导师点评

五成单位配备1～5人办公室文员，基本是每部门一名的配置，兵精政简。

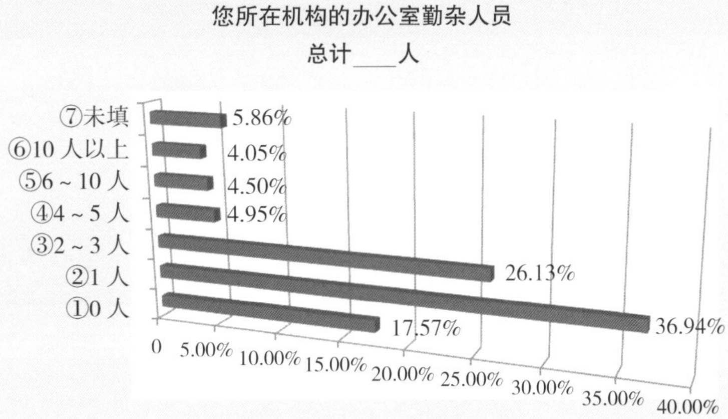

17.57%的单位不设置专职勤杂人员岗位。无论何种性质的单位，该岗位所占据的人力资源都是最少的。

（三）幸福指数

秘书人员生存状况的主体考核内容是秘书人员的幸福指数。它包括物质层面和精神层面的满足程度。物质条件主要体现在薪资待遇、住房等方面。

1. 薪资待遇

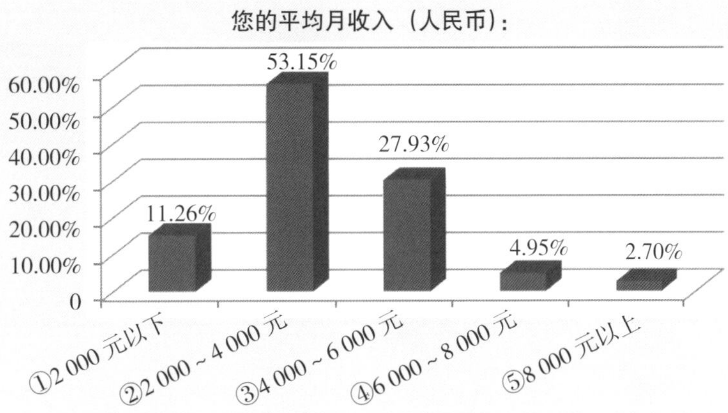

调查数据显示，受访者的收入水平并不如想象中乐观。月平均收入在 2 000～4 000 的占半数，月收入在 4 000～6 000 的占 27.93%，月收入在 6 000 以上的仅占 7.65%。国家统计局广东调查总队抽样调查显示，2012 年一季度广东城镇居民人均可支配收入 8 804.86 元（平均每月 2 934.95 元）。与广东城镇居民月收入水平相比，可以看出大部分秘书人员的收入处于中等偏上水平，并非因为越贴近领导而工资越高。

现用本题数据与“在正常上班时间以外，您还需花在工作上的时间”相比，数据如下所示：

加班＼收入	2 000 元以下	2 000 ~ 4 000 元	4 000 ~ 6 000 元	6 000 ~ 8 000 元	8 000 元以上
少于 1 小时	20.00%	33.90%	22.58%	9.09%	0%
1 ~ 3 小时	52.00%	45.76%	56.45%	54.55%	50.00%
3 ~ 5 小时	16.00%	14.41%	14.52%	27.27%	50.00%
多于 5 小时	8.00%	0.85%	4.84%	9.09%	0%
没有	4.00%	5.08%	1.61%	0%	0%

由以上数据可知：无论收入如何，秘书大都需要在正常上班时间外花费 1 ~ 5 个小时来忙碌工作上的事情。

以下数据展示的是秘书之外的办公室人员的收入及加班情况，对比如下：

加班＼收入	2 000 元以下	2 000 ~ 4 000 元	4 000 ~ 6 000 元	6 000 ~ 8 000 元	8 000 元以上
少于 1 小时	33.53%	36.89%	28.68%	34.18%	20.37%
1 ~ 3 小时	35.93%	40.81%	53.58%	44.30%	57.41%
3 ~ 5 小时	5.39%	6.87%	6.42%	11.39%	12.96%
多于 5 小时	4.79%	4.63%	3.02%	3.80%	3.70%
没有	20.36%	10.80%	8.30%	6.33%	5.56%

上表数据显示：其他办公室人员，月薪在 2 000 以下者，不加班或很少花费业余时间在工作上，九成人需耗费 0 ~ 3 小时。月薪越高，就会牺牲越多的个人时间。从另一视角来看，劳动强度越大，获得报酬越多。

秘书的月薪越高，加班时间就越长。其他办公室人员月薪越高，加班时间越少或相对平均。此项数据表明：秘书比其他职位更需具备牺牲精神，对工作和生活的平衡能力要求较高。

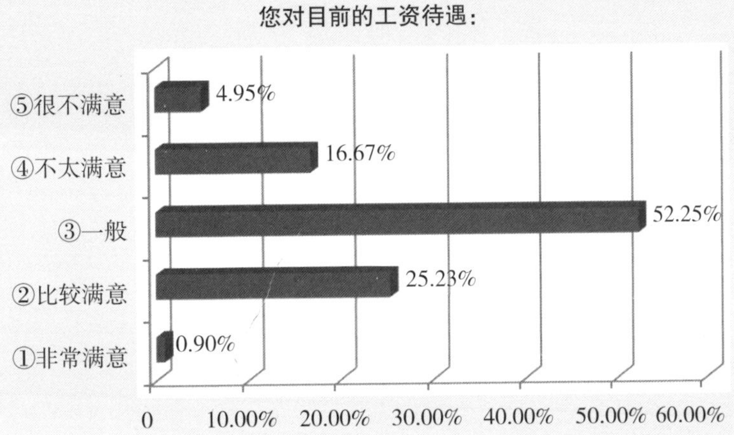

各个等级的收入层次中，各级的满意程度如下表所示：

满意度 收入	非常满意	比较满意	一般	不太满意	很不满意
2 000 元以下	4.00%	4.00%	48.00%	28.00%	16.00%
2 000 ~ 4 000 元	0	19.49%	55.08%	20.34%	5.08%
4 000 ~ 6 000 元	0	41.94%	48.39%	8.06%	1.61%
6 000 ~ 8 000 元	0	36.36%	54.55%	9.09%	0
8 000 元以上	16.67%	33.33%	50.00%	0	0

由于个人期望值的不同，满意程度因人而异。但是相对而言，薪水与满意度成正比，低薪人士易觉被低估，高薪人士对所得薪水并不敏感。

大部分人主观认为薪水偏低，是因为秘书工作较为庞杂，容易给在职者造成“付出大于回报”的错觉，所以始终不甚满意自身的薪资水平。非常满意者和很不满意者所占比例却很小，说明目前主流的薪金制度还是很有说服力的。半数以上秘书人员的满意度为模棱两可的一般，可见现今职场上缺乏职工性价比的换算方法，大部分人并不能自主估量或根本无法明确自身的客观价值。

2. 住房情况

秘书人员的住房问题基本得到解决，住房方面，拥有租房居住者、自有住房者、与父母同住者数量依次减少，各占三成左右。

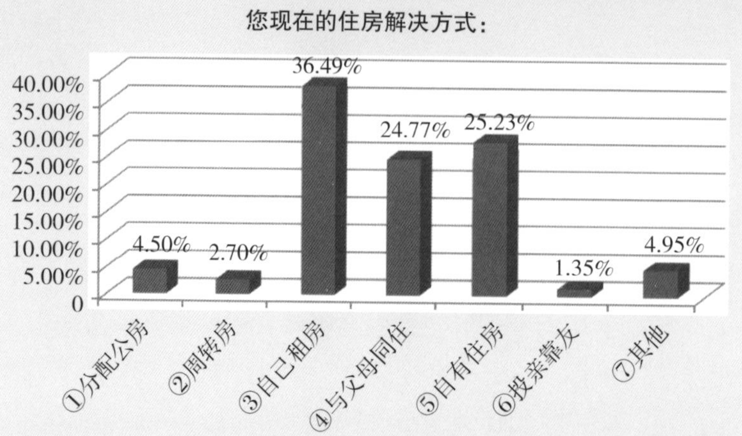

住房解决方式＼婚姻状况	已婚人员	未婚人员
公配住房	5.00%	13.67%
周转房	42.50%	60.43%
自己租房	23.75%	23.74%
与父母同住	17.50%	1.44%
自有住房	43.75%	0.72%
投亲靠友	0	0
其他	0	0

上述数据表明：稳定的住房条件是维系秘书工作和婚姻的重要筹码。分配公房、周转房的秘书，身在党政机关、事业单位、国有企业和私有企业所占比例分别为12.50%、56.25%、25.00%和6.25%。据此可知：党政机关、事业单位和国企待遇较好，基本有房可住。但私有企业和其他单位的秘书住房条件较差，能拿到五险一金已属不易，周转房往往遥不可及。

其他办公室人员的住房状况分析如下：

住房解决方式＼婚姻状况	已婚人员	未婚人员
公配住房	7.97%	4.22%
周转房	1.51%	2.24%
自己租房	19.18%	54.91%
与父母同住	11.85%	21.12%

（续上表）

住房解决方式 \ 婚姻状况	已婚人员	未婚人员
自有住房	55.39%	6.46%
投亲靠友	1.08%	3.98%
其他	3.02%	7.08%

调查显示，秘书相对容易获取单位内较为优越的住房资源。

与秘书住房解决方式差别最大的是周转房。受访者中，四成已婚秘书和六成未婚秘书住周转房，而住周转房的办公人员则几近于零。由此可知，距离管理人员较近的秘书，更易争取并入住免费、低缴费等类型的周转房。

（四）生理健康

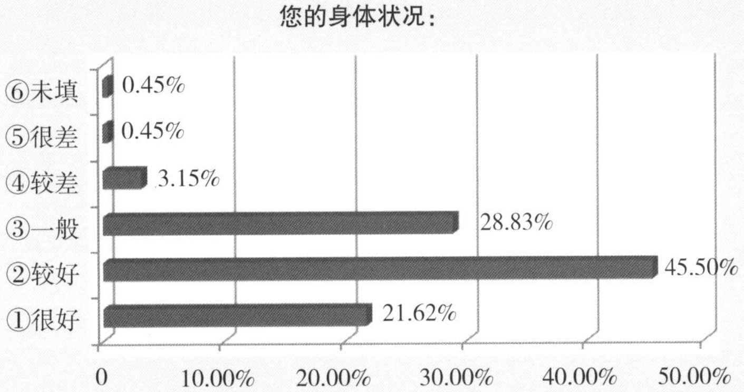

67.12%的受访者身体状况良好，健康状况不佳者只占3.60%。绝大部分秘书对自己的身体健康状况有信心，这与受访者普遍年轻的实际情况有关——受访秘书年龄几乎都在40岁以下，说明大部分秘书人员正处于年轻力壮的创业阶段，有利于所在机构建立富有活力的办公团队。

出人意料的是，极少数身体不佳的受访者有87.50%处在20～29岁这个年龄段。说明当下有少数年轻人不擅于调节生活节奏，不注重维护自身健康。不健康的生活习惯一旦养成，将会给未来的职业生涯带来隐患。

（五）业余安排

近三成的受访者选择娱乐活动，两成表示业余时间与家人一起度过，选择旅行和进行学历学习的人数相仿，而进行体育锻炼的只有一成多。自认身体状态良好可能是他们不注重体育锻炼的原因之一。

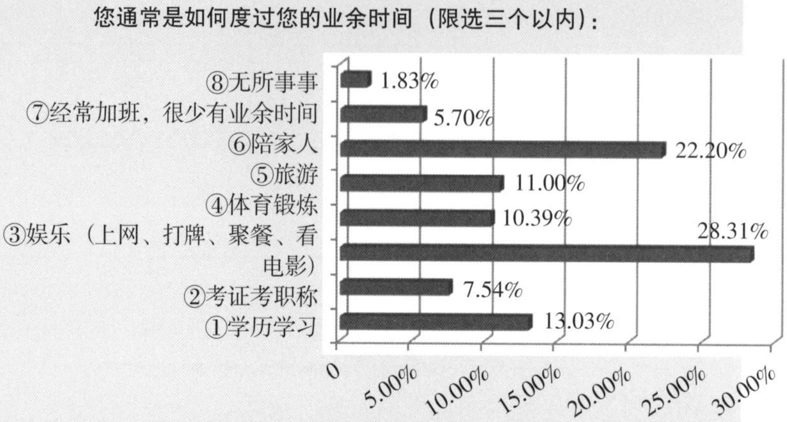

以上三项是受访者业余时间最常做的事情，这种选择反映出秘书人员比较顾家、积极向上、健康有节的性格特点。秘书人员可将业余时间安排得丰富多彩，从而达到劳逸结合的目的，有利于个人精神状态的调整和后继工作的进行。

综合上述收入、住房、身体状况和业余时间四项数据可知：秘书人员的基本生活水平处于社会中层，较为稳定且相对舒适。

（六）职业发展

1.工作年限

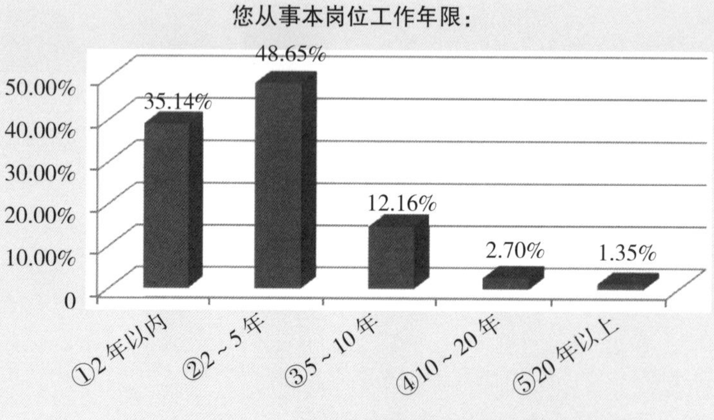

秘书人员从事本岗位工作年限 5 年以下的为 83.79%，5 年以上的为 16.21%，结合受调查群体的年龄看来，秘书人员的流动性不大，职业较为稳定。因为接受本次调查的秘书人员多为新人，在各自岗位上工作的年限普遍很短，需要在所服务机构工作过程中逐渐磨合，逐步提高自身的专业水平和职业技能，这样才能站稳脚跟，成为秘书行业的常青树。

对职称缺乏关注的单位及个人，错失了一个提升个人和集体工作水平的平台。

2. 职称

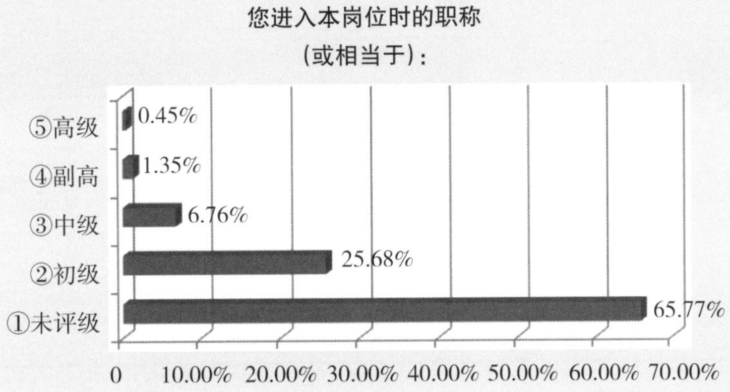

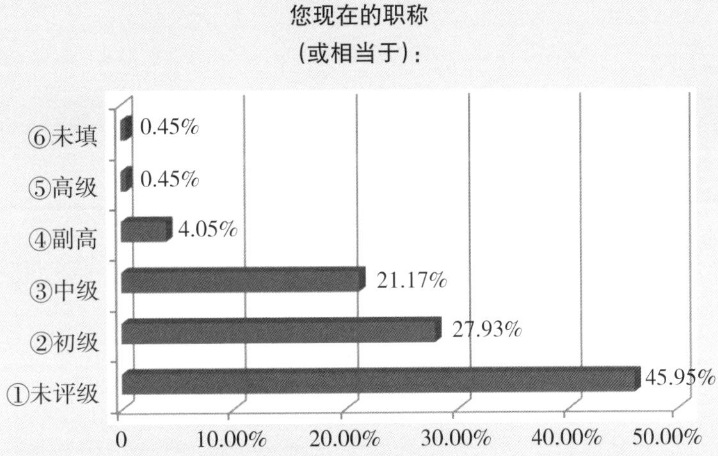

刚走入秘书工作岗位的人群中，未评级的比率超六成。经过一段时间的磨砺之后，近两成原未评级的职工在职称上有所提升，但幅度较小。通过与受访者个人资料对比发现，这部分人的年龄比例如下：20～29岁者过半，达到50.45%；30～39岁有34.87%；40～49岁只占12.30%。这说明秘书人员在青壮年时较易得到职称的提升。其中，20岁以下和50岁以上的受访者几乎没有提升，既因这两部分人群参与调查人数过少，也因20岁以下者学历较低、资历尚浅，尚在适应阶段，所以难以获得提升；50岁以上者参加工作后一直没评级的情况非常罕见，属于单位体制不健全的个别现象。

在上述获取职称晋升机会的人群中，不同就业形式的比例分别是：在编公务员占22.70%，事业编制占17.67%，企业编制占48.94%，编外聘用占5.63%，退休返聘占1.19%。这说明，无论在党政机关，还是在企事业单位，无论编内编外，都有升职机会，但概率不高。退休返聘者一般都身居要职，级别较高且稳定，返聘时原有待遇不会改变，在本次调查中没有退休返聘者未评级的现象。

此外，入职时为初级职称者的提升率为56.45%；入职时为中级者的提升率为20%；入职时为副高或高级（高级职称已为最高职称，无法再提升）者则没人提升职称。统计数据说明：职称越高，提升空间越小，升职概率越低。

按照一般的职业发展轨迹，从业5～10年应该是从事一项职业可以由初级渐渐步入中级的阶段，但是现实却不尽如人意。一方面原因是部分用人单位的不作为，没有相应的激励与制度；另一方面源于部分受访者在日常工作中感受不到职称的作用，从而忽略了升级职称的重要性，误以为事不关己，于是置之不顾、高高挂起。

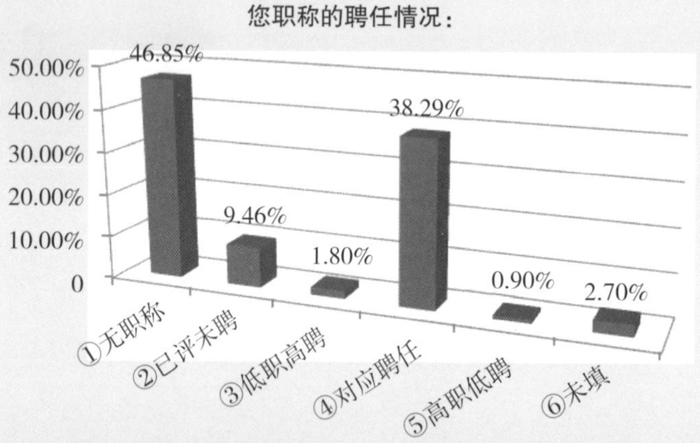

职称的聘任情况欠佳，近五成办公人员没有职称。其中原因可能是其单位没有评级制度，抑或是答题者本人对此概念混淆。得到对应聘任者占38.29%，说明秘书人员若已获取职称，大多能同时获取聘任；但仍有近一成人员已评未聘。实际上，他们不仅有“已评未聘”的尴尬，在职务的提升上，机会亦甚少，这也是秘书从业者职业发展的一个“瓶颈”：由于缺乏系统的评级晋升机制，如不转行从事其他职务，绝大部分企业的办公室秘书人员要晋升只有做办公室主任或副主任一条路。但是从业人员众多，能成为办公室主任的是极少数，大部分秘书人员难以得到职位上的提升。用人机构应完善职称评定机制，拥有成熟稳定升职程序的单位更适合秘书职业和单位的发展。

评级体制的欠缺，成为秘书职业发展保障机制的瓶颈因素。

3. 学历结构

秘书人员在进入本岗位时，66.67%为本科学历，22.52%为大中专学历，8.11%为硕士研究生学历，说明秘书的入职

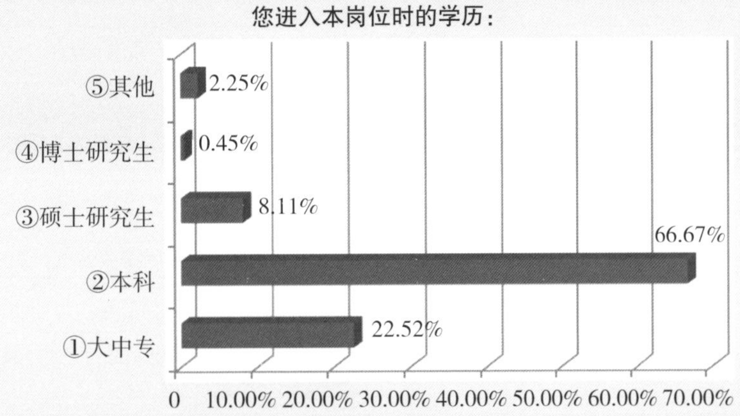

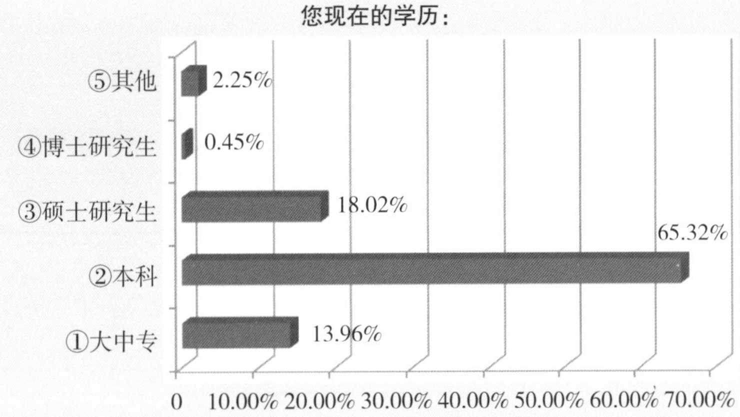

门槛高度一般，对学历的要求一般。同时也映射出目前秘书专业的教育多存在于大中专及本科院校中，研究生教育资源配置较少。大中专、本科就职期间提升学历的人员比例分别为38%和14.19%，硕士研究生、博士研究生和其他学历者没有提升。这不仅说明越高的学历提升率越低，也说明拥有包括中小学文凭在内的其他学历者，对提升学历没有足够的信心和兴趣。一方面因为秘书工作相对繁重，部分人员每周七天都必须随时候命，没有足够的业余时间来提升自己的学历；另一方面是部分人员没有提升学历的意愿。

超过半数的秘书有进修经历，说明这个团体具有上进心，工作需要不断充电。

在职教育是提升秘书职业素质的一种重要方式，在职人员可以脱产或利用业余时间去参加在职学历教育，从而提升学历。这样不仅能丰富专业知识，使工作中很多专业性难题在科学理论的指导下得到解决，同时也为自己的晋升创造软实力和必要的硬件。倘若组织架构中大部分成员的学识不够丰富，将严重制约个人及团队的发展。

4. 专业进修

54.95%的受访者有进修经历，主要方式是在职进修；脱

您在本岗位进修的学习方式
（若无，跳过本题）：

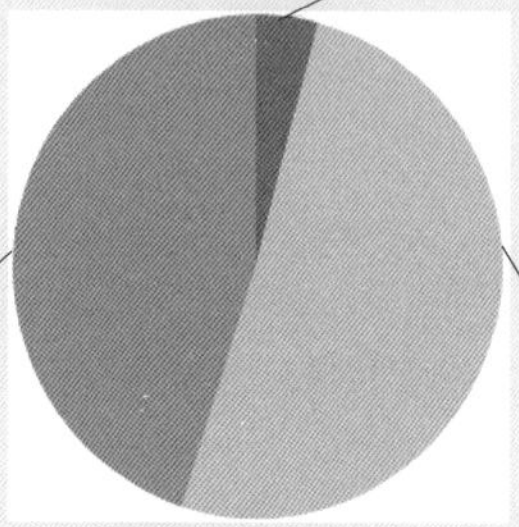

产学习者所占比例极少。允许秘书脱产学习的单位比例如下：党政机关和国有企业为0，事业单位占11.11%，私有企业占77.78%。由此可知单位自由度越高，脱产学习的可能性就越大。

与秘书相比，其他办公室人员更便于脱产进修。数据显示：允许秘书之外的办公室人员脱产进修的单位中，党政机关占4.21%，事业单位占13.68%，国有企业占17.89%，私有企业占47.37%。私企所占比例依旧较多，党政机关依旧最少，事业单位几乎持平，说明员工在不同单位中进修的便利程度相当。国有企业的日常运作对秘书的依赖性较高，其他办公室人员的进修请求更易获得批准。

您在本岗位进修的出资方式
（若无，跳过本题）：

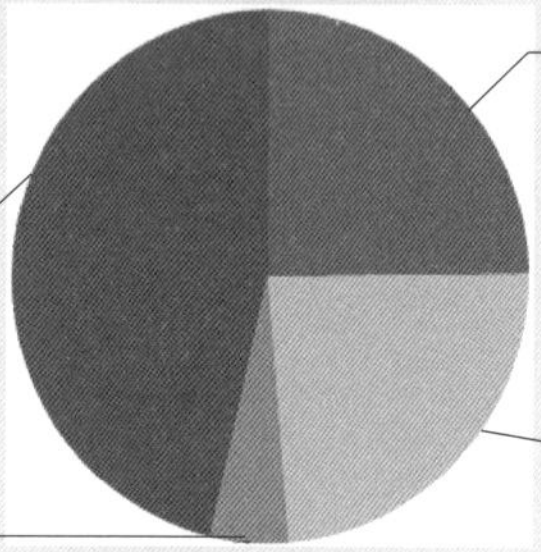

由上述两项数据可得下表：

出资方式 学习方式	全部自费	部分自费	单位全额出资
脱产学习的秘书	30.00%	44.44%	11.11%
在职进修的秘书	46.02%	43.36%	7.96%

无论脱产学习还是在职进修，主要出资方式各占比例大致相同。

能做到全额出资的单位中，党政机关和事业单位占六成以上，分别占到27.27%和36.36%，私有企业占到18.18%，而国企只占9.09%。这说明对于秘书岗位进修，党政机关和事业单位在资金上的扶持，比国有企业和私有企业的力度更大。前者一方面作为公共机构，在制度与资源上都有优势；另一方面工作岗位稳定，人员调动几率不高，几乎无“为他人作嫁衣裳”之虞，因而用人机构乐于在人才培养方面进行投资。后者往往由于种种原因，吝于在人才培养上消耗过多资源，从而消极对待员工进修。

与其他办公室人员相比，单位全额出资赞助的比例如下：

单位性质 人员	党政机关	事业单位	国有企业	私有企业
秘书	27.27%	36.36%	9.09%	18.18%
其他办公人员	19.05%	12.38%	7.62%	55.24%

从上表可以看出一个奇特的现象：对于秘书之外办公人员的岗位进修，私有企业在资金上的扶持，比党政机关和事业单位的力度更大。难道对于私有企业来说，秘书比其他办公室岗位在进修上获得的扶持更少吗？答案并不肯定。“部分自费”的单位中，党政机关占 15.09%，事业单位占 22.64%，国企占 18.87%，私企占 39.62%。这说明私有企业既希望秘书提升专业知识、磨炼专业技能，也会相对节约成本。这也在一定程度上反映出：与其他单位相比，私有企业的秘书及其他办公人员较难满足岗位需求，或者被寄予过高期望。

半数秘书人员选择进修，入职后继续深造的积极性较高。进修者中，全部自费和部分自费者几乎各占一半，单位全额出资的情况很少。党政机关、事业单位更鼓励职工提升学历，并能给予较大的支持；在企业性质的单位，具体的进修费用资助政策很难贯彻到公司的制度或施行过程中，进修所消耗的费用大部分由个人承担，这是压抑职工深造积极性的客观原因之一。

5.培训

调查数据显示，两成的用人单位没有提供任何的岗位业务培训，员工只能依靠自己摸索或工作经验丰富者的指导；约半数用人单位每年会提供10天以内的员工岗位培训；

您进入本岗位后每年参加岗位培训的时间：

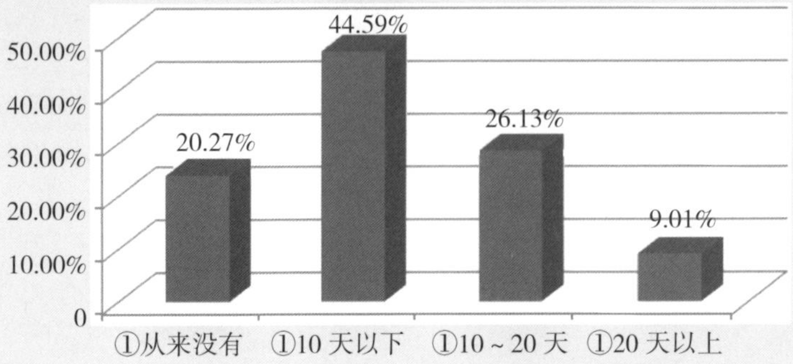

26.13%的企业进行过 10 ~ 20 天的培训；只有不足一成的企业进行过 20 天以上的员工岗位技能培训。

当然，培训时间并不是越多越好，而应该充分考虑到用人单位与员工的共同需求。否则，将无法引起职工的兴趣，互动环节得不到有效配合，导致培训成为例行公事，事倍功半、劳民伤财。

您认为岗位业务培训或进修对于您：

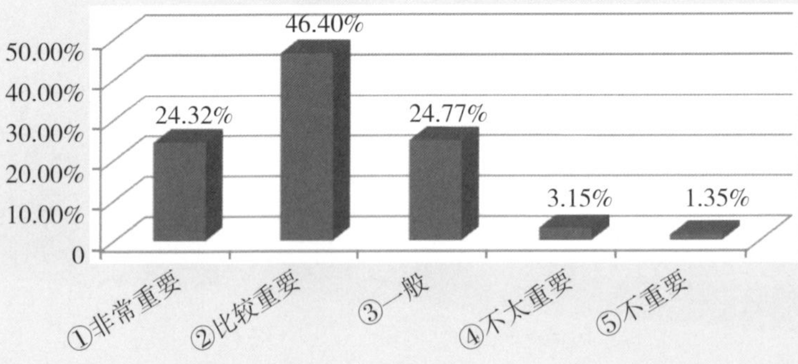

切合用人单位需求、受训者内在需求的培训可以节约成本，并能激发员工的兴趣，从而收到良好的效果。

70.72%的人认为岗位业务培训相对重要，24.77%的人觉得这样的培训重要性一般，只有 4.50%的人觉得岗位业务培训不重要。

虽然七成受访者认为岗位学习比较重要，但选择岗位培训时间在 10 天以下的却有 61.15%。由此可见，秘书人员岗位培训时间过少，远低于期望值，这与相当一部分人群误认为秘书工作是“万金油”，缺乏专业性有关。

综合各种因素进行分析，结论立体化。

由此看来，无论单位整体实力是强是弱，无论业务如何繁忙，每季度至少需要举办 1 ~ 2 次岗位培训。如今人才培训基地在各地都已普及，这个平台不仅可以强化办公人员的工作能力，更能拓宽各单位的发展路线。

导师点评

说起来轻松，但做起来难。根据调查结果可知，大部分人都能意识到岗位业务培训的重要性，但是在具体落实过程中，单位实施培训举措的决心和员工的积极性往往却不尽如人意。“人之初，性本‘懒’。”常人缺乏居安思危的意识，习惯于被灌输，而不主动摄取。身处于对综合素质要求较高的秘书行业，一旦养成上述被动的习惯，终身都会被压制，难有出头之日。秘书人员在岗培训充电工作亟待加强。

（七）工作满意度

1. 工作量

您认为您现在的工作量：

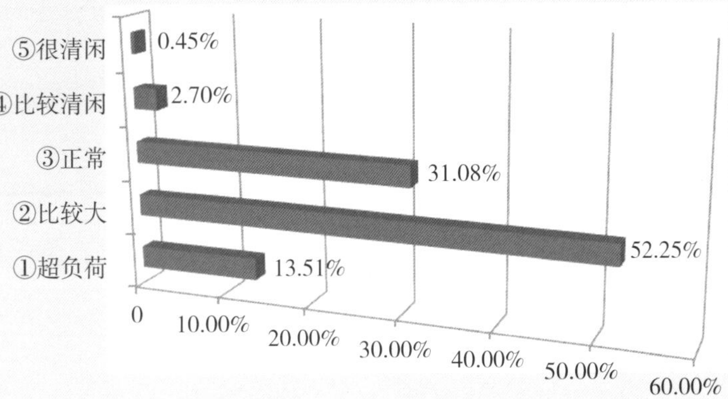

65.76%的秘书觉得现在的工作量较大甚至超负荷，认为工作量正常的占 31.08%，只有 3.15%的人觉得工作相对轻闲。这说明秘书的工作量总体强度大。

其中，认为工作量“超负荷”的办公人员占 13.51%，这些人员所在机构分析如下：党政机关占 26.67%，事业单位和国有企业各占 16.67%，私有企业占 33.33%，其他占 6.67%。由此可知：虽然私有企业占了三成，但“金饭碗”和“铁饭碗”并不像舆论所说的那么好“端”，稳定的回报背后，同样伴随着艰辛的付出。

工作量给受访者造成“超负荷”感受的原因主要有二：

（1）客观因素：公务繁多或者是业务发展需要，加班加点成家常便饭；

（2）主观因素：自身工作效率低，无法及时完成任务，拖延的时间越久，内心越是抗拒，从而怨天尤人。

而其他办公人员觉得现在的工作量超负荷或比较大的人数只有 46.61%，比秘书少了 19.15%。说明秘书行业的工作量和压力较大，在生活节奏比较快的地区，秘书人员更需端正心态，提高工作效率。

2. 加班时间

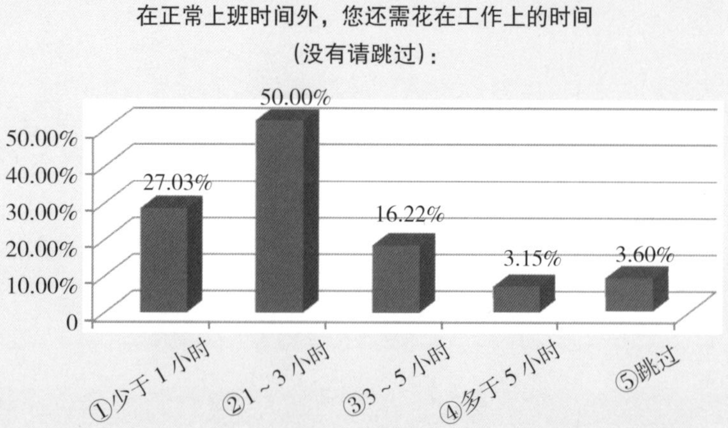

在 8 小时以外，半数秘书还需分配 1～3 小时在工作上，需要花 3～5 小时的人员占 16.22%，少于 1 小时的不足三成，只有 3.60%的受访者无需在业余时间继续工作。这说明大部分秘书人员都要加班才能完成工作，经常加班也成为秘书工作的特点之一。

正常工作时段外，花在工作上的时间有两种：一为在单位的有补偿的加班，二为非办公场所的无偿的延伸性工作。本题没有将两者划分开来，只能笼统地分析秘书人员业余生活为工作让步的情况。

正如上文所述，因秘书人员一般不被允许关闭手机，个人生活时刻准备为工作让步，所以会有异于其他行业的烦恼，故而“工作与生活的时间分配”是秘书公认最难处理的关系。其次分别是能力与领导要求不符合、人际关系以及工作与学

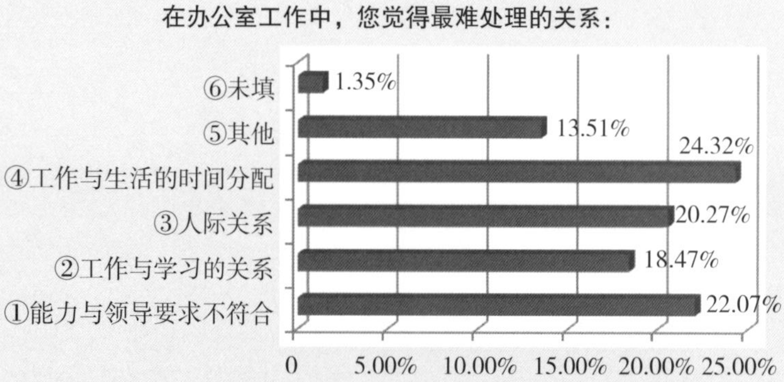

秘书工作的顺利开展，迫切需要较为和谐的人际关系。人际关系的优劣，直接影响秘书工作的质量。

习的关系等。各选项所占比例平均，说明这几种问题普遍存在于秘书工作中。因为工作内容庞杂，与样样在行、面面俱到的理想状态或多或少会存在差距，所以经常感觉到自己的能力与领导要求不符合。因为常需上传下达，一时考虑不尽周详就可能得罪人；因为事务繁忙，所以没有充分的时间安心学习；选择“其他”选项的人，大都觉得没有最难处理的关系。

(类秘书）在办公室工作中，您觉得最难处理的关系：

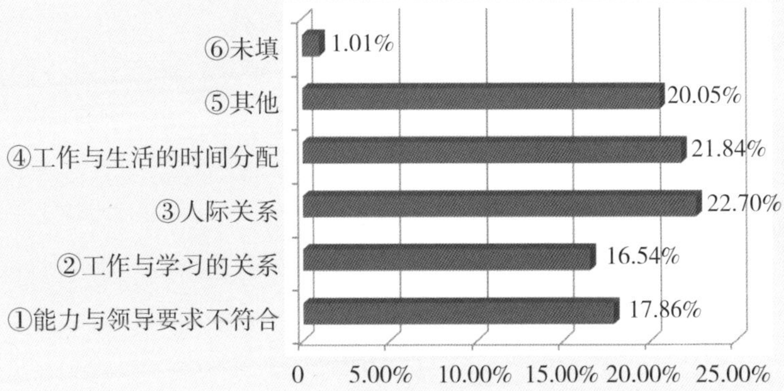

其他办公室人员认为较难处理的关系中，各项所占比例有着微妙的区别。在这里，“人际关系”排在第一，“能力与领导要求不符合”排在第四。可能因为秘书与领导直接交流的机会多，并较为频繁地执行上传下达等沟通事宜，所以与其他办公室人员所面对的难题稍有区别。

3.压力

高强度的工作，必然带来高度的工作压力，65.31%的秘

作为一名办公室人员，您感觉：

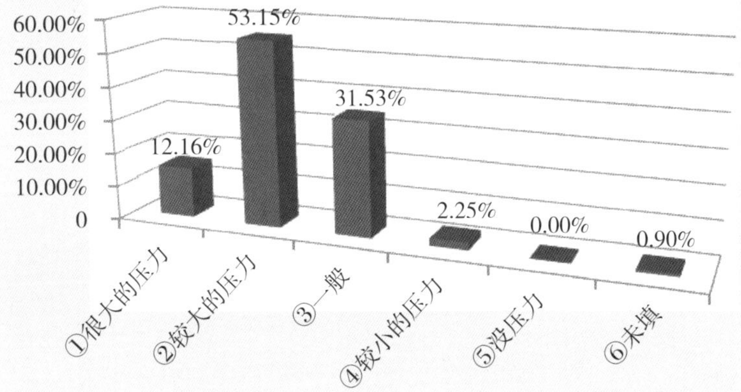

书感觉有较大的压力或者很大的压力，认为工作压力一般的人员有三成，感觉压力较小的人只有2.25%，没人觉得无压力。

（非秘书）

作为一名办公室人员，您感觉：

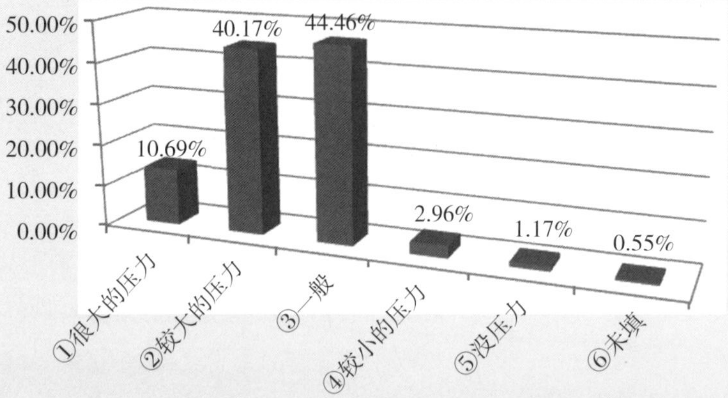

其他办公室人员的压力相对较小，只有半数人员认为压力偏大。说明在办公室里，秘书所承受的压力较大。

感觉压力大的秘书人群分析如下：

（1）年龄：20岁以下占2.76%，20～29岁占69.66%，30～39岁占24.14%，40～49岁占3.45%，50岁及以上为0。此项数据和被调查人群的年龄分布情况相符，可知无论身处哪个年龄段，秘书工作的压力都很大。

（2）单位性质：党政机关占14.48%，事业单位占20.69%，国有企业占17.24%，私有企业占42.07%。除了私有企业的秘书压力较大之外，其他单位的数据分布较为平均。

（3）薪水：2 000元以下占9.66%，2 000～4 000元占51.72%，4 000～6 000元占30.34%，6 000～8 000元占4.83%，8 000元以上占3.45%。中层秘书因承担工作的性质、压力承受能力等原因，表示压力最大；高层人员因参与调查的人数较少，且长时间身处高层对压力见惯不怪，所表示压力大的人数比例很少。

（4）住房：分配公房和周转房的占6.21%，自己租房的占39.31%，与父母同住和自有住房的占48.97%，投靠亲友和其他解决方式占5.52%。近四成感觉压力大的受访者要自己租房，说明住房也是带来工作压力的重要因素。

在“本工作哪个方面最让您不满意？”的选择中，只有13.51%的人觉得最不满意的是“工作压力大，很少获得成就感”。比起压力而言，秘书人员对薪酬和过于繁琐的工作更不

秘书的工作较为繁杂，压力自然源源不断。如何正确化解秘书人员的心理压力，这是一个值得研究的课题。

对问卷调查所得材料分析详尽。

导师点评

满意。可见压力虽然存在，但秘书人员大都能理智地看待。

在竞争日趋激烈的今天，减压能力成为社会成员维持生计的重要因素之一。经调查，秘书人员释放压力的方式众多，但不够科学。

如果有压力，您的应对方式是：

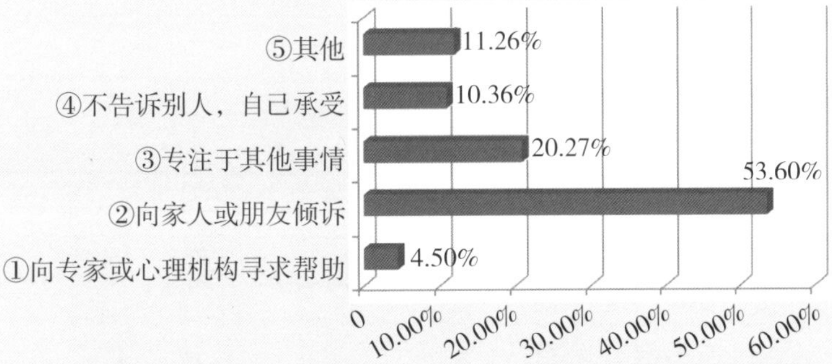

在工作压力释放途径的选择上，半数人员选择“向家人或朋友倾诉”，在这半数人员中：女性占大多数——81.51%，男性只占18.49%。而“不告诉别人，自己承受”选择者中男性居多，达到了65.22%。由此可知：女性秘书更善于释放压力，能充分发挥家人和朋友的积极作用；而男性秘书收多于放，无益于身心健康。

值得注意的是，“向专家或心理机构寻求帮助”这一选项鲜有问津，一是说明秘书对压力习以为常，期待自行解决烦扰；二是说明部分人员忽视释放压力的重要性，除非出现严重的精神问题，否则不会主动寻求治疗；其三，目前尚未形成有效的社会减压机制。

4.人际关系：

融洽的工作关系，是秘书工作顺利开展的必要基础。

您与同事的工作关系是否融洽?

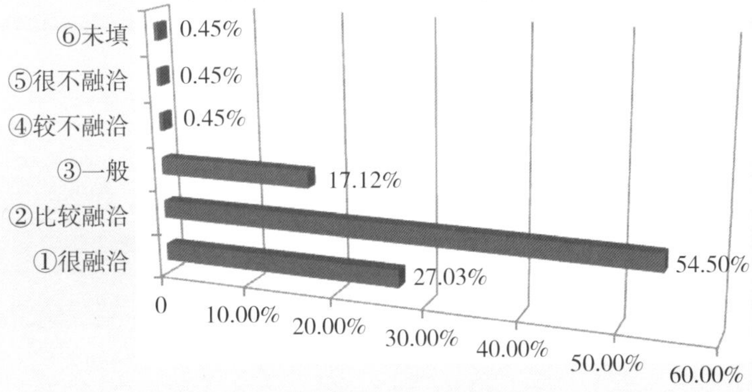

81.53%的秘书认为自己与同事的工作关系很融洽或者比较融洽，以下题中“工作中最满意的方面”也是“人际关系”。说明大部分秘书的交际能力普遍较强。从这一乐观的数据也能看出：肩负上传下达重任的秘书人员，必须拥有良好的组织、沟通和协调能力，才能获得领导和同事们的支持和配合，才能营造出积极、健康、和谐的工作氛围。

5. 工作满意度：

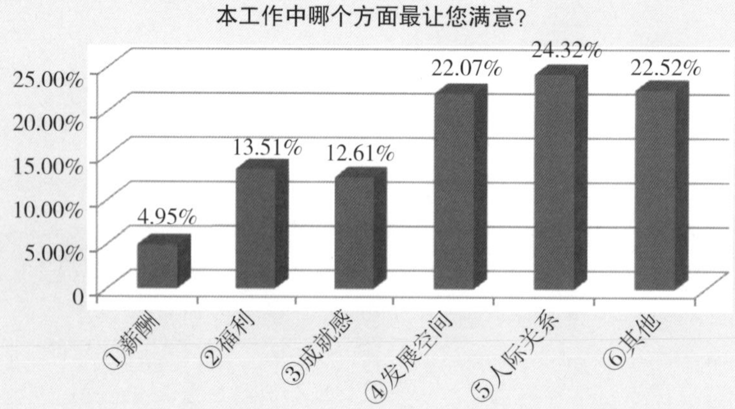

统计结果显示，秘书对工作中最满意的方面主要是人际关系和发展空间，这两方面与其他办公室人员相反，足见秘书渐渐人情练达，在人际交往中占据优势。这两方面也显示出秘书工作最锻炼人和最具吸引力的地方。秘书工作有接受系统锤炼的机会，有实现自我价值的平台，所以秘书更易获得成就感。从理论上看，如果具有合理的职称、职务提升制度，秘书行业会拥有巨大的发展空间。

6.不满意事项：

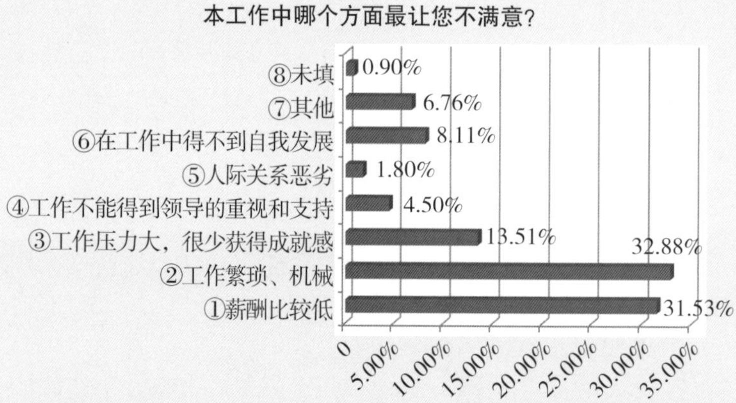

其他办公室人员觉得最难处理的人际关系，反而是秘书游刃有余的方面，皆因秘书具有较强的沟通能力。

薪酬问题不是秘书人员所关心的首要问题，这与其他职业关注的焦点不同。除了对薪酬不满意外，工作繁琐、机械同占三成，甚至微微领先。一是因为受访者觉得秘书工作太琐碎，对未来的发展没有鲜明的借鉴价值和推进作用；二是因为部分单位制度约束，提升空间小。

（八）岗位认知

您觉得本岗位对职业发展和专业成长的影响：

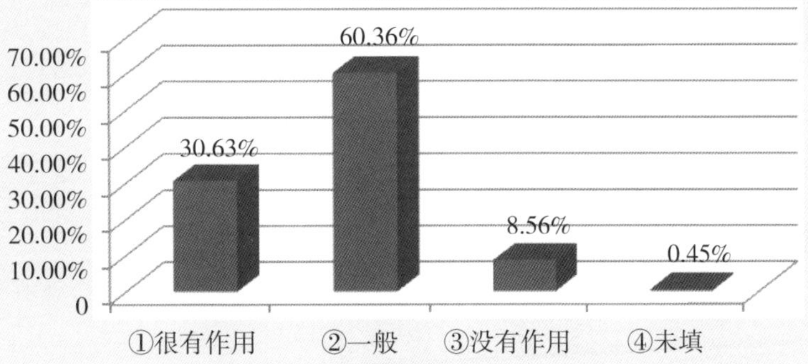

三成秘书认为自身岗位对职业发展和专业成长的影响很有作用，六成秘书认为作用一般，即超过九成的受访者意识到秘书工作的意义，只有 8.56%的人员认为没作用。这反映出尽管秘书工作压力大，并且实际的提升机会也存在不合理外，但也会因为处理事情较多而被动地、有效地把握多样工作技能，锻炼多种工作能力，丰富多方面工作经验，对人生有所裨益。

无论身处何种岗位，积累起来的经验对职业发展和专业成长都有积极或消极的影响，现就选择“没有作用”的人群作出简要分析：

（1）年龄组成：20 ~ 29 岁占 63.16%，30 ~ 39 岁占26.32%，40 ~ 49 岁占 10.53%。选择“没有作用的”大部分是年轻人，阅历越深，越能意识到所在岗位对职业、事业和人生的意义。

（2）收入：2 000 元以下占 5.26%，2 000 元 ~ 4 000 元占 73.68%，4 000 ~ 6 000 元占 10.53%，6 000 元以上也占10.53%。大多数人找工作，是为了获取用以生存的报酬。因为薪水相对较低，所以这部分人群难免会对目前所处的岗位存在偏见。

（3）学历：本科占 73.68%，硕士研究生占 21.05%，博士研究生占 5.26%。结合受访者目前的学历构成（本科 65.32%，硕士研究生 18.02%，博士研究生 0.45%）可知学历越高，越重视所处岗位的作用。

无论什么岗位，都对职业发展和专业成长有积极的影响，更何况是能锻炼综合素质的秘书工作。

导师点评

（九）对秘书的认知

1.秘书地位的评价

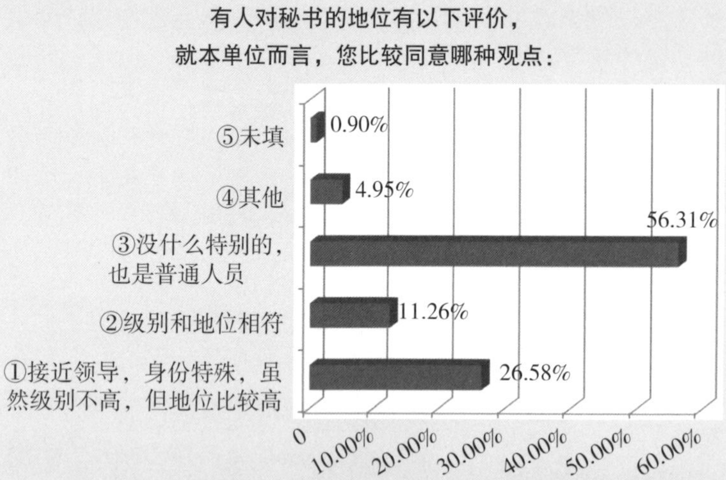

过半秘书认为自己“没什么特别的，也是普通人员”，认同此选项的其他办公室人员也有46.10%。社会对秘书的误解正逐步消失，数据显示人们的认知更为客观而谨慎，也说明大家对秘书岗位的认识并不一致。至少不再片面地以为秘书只是“小蜜”的代名词。而认为秘书地位比较高的受访者也相差无几，主要源于主体认知秘书的主观角度，和受所在单位秘书工作情况的影响。从此项数据可以看出：对于秘书工作的地位，仍然存在过分器重和非常轻视这两种极端。

2.秘书的能力要求

受访者对秘书的“书（书写记录）、办（办文、办会、办

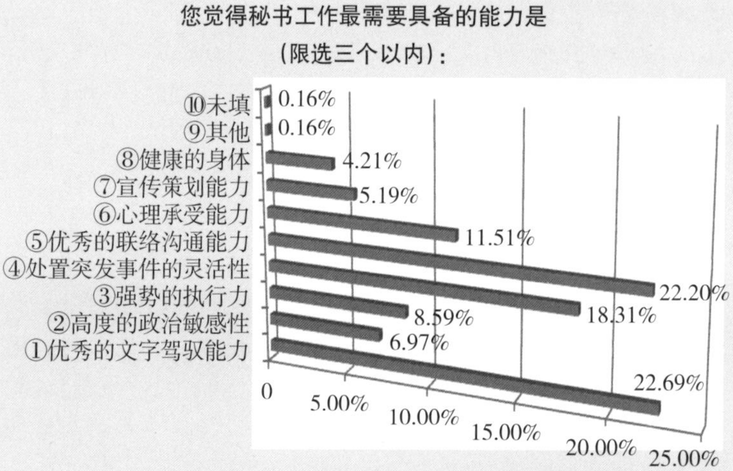

事）、谋（谋事与参谋）、管（协助管理）”的主要职能有高度认同，同时认为秘书要具备优秀的沟通能力所占的比例最大，然后是优秀的文字驾驭能力和处置突发事件的灵活性。心理承受能力和政治敏锐性等能力居次。

秘书可时刻与领导、同事以及其他单位的人员进行交流，在内承担“书”、“办”、“谋”、“管”职事，在外是单位名片。无论面对何种联络对象，一言一行都必须谨慎恰当。所以优秀的联络沟通能力是秘书人员排在首位的重要能力，其次才是办文、办会、办事等能力。

无论是日程安排、随从工作、接待工作、调查研究、部署落实、执行反馈、业务沟通往来、突发事件处置等交办事务，还是信访工作、通讯工作、协调调度、督查督办等常规事务，秘书都需将优秀的联络沟通能力体现在各项“办”事实务中。

以书办谋管、上传下达为主的秘书工作，随时都需要良好的沟通能力，其他能力再突出，离了沟通则“英雄无用武之地”。

无论是反映情况、提出问题，还是综合材料、提出建议，都贯穿了秘书之“谋”。秘书人员不仅要与领导直接沟通继而完成辅助工作，也要围绕群众的需求开展服务工作。如提供政策依据、传输信息、分析利弊得失、出谋划策等，皆需具备优秀的联络沟通能力。

无论是辅助领导进行管理，还是在授权范围内行使管理职能，都需讲清利害关系，有的放矢。首先，秘书需要辅助领导落实工作。决策形成后，通过办文、办会、办事，一旦发现问题立即向领导反馈，并积极宣传疏导；其次，秘书需要具备高度的执行力，在辅助领导决策的同时，还要有管理团队的能力。经过授权，可指导部分行政工作，有效地筹划组织和安排工作程序，或在领导授权下行使部分管理职能。在“管”的过程中，时刻需要有效的管理沟通技能。

六、结论

通过以上分析，可以得出如下结论：

（一）工作与岗位认知

秘书是单位必设的职能岗位，在各单位中具有举足轻重的地位。秘书工作可以掌握多种技能，锻炼各种能力，丰富多方经验，对职业发展和专业成长有促进作用。虽然对秘书地位的评价仍存在两种极端，但有逐步融合的趋势。

（二）幸福指数

秘书的收入处于城镇居民收入的中等水平，大部分受访者对所得收入感觉不太满意；秘书的住房问题基本得到解决，身体状况良好，业余生活积极健康、内容丰富，能很好地调整状态。

（三）工作满意度

秘书的工作负荷较大，普遍存在加班现象，感觉最难处理的是工作与生活的时间分配问题；秘书的压力比较大，释放压力的方式多样，但不够科学；人际关系较为融洽，且容易从中获得成就感；除薪酬外，秘书对机械繁琐的工作也感觉不太满意。

（四）职业发展

秘书的入职门槛较高，本科以上学历者居多。半数人员会进行在职进修，进修费用大都由自己承担，有少量人员得到单位赞助。大部分受访者认为岗位业务培训较为重要，但进入岗位后接受培训的时间很少。秘书对职称的重视程度不够，职称聘任情况欠佳；青壮年秘书较易提升职称，职称越高，提升空间越小，升职概率越低。

秘书曾是让社会产生最多误解的职业。但随着社会的发展，秘书这个职业已被客观地对待，日渐受到重视，学科建设也基本走上正轨。越来越多高校开设秘书专业，秘书的素质一直都在提升，越来越多人对秘书这个职业有所了解，很多旧观点都有所改变，例如有些人认为秘书只是花瓶，只起装饰作用，对业务素质要求低等错误观念。如今的秘书是个高速发展的职业，正受到越来越多单位及个人的重视。

七、建议

（一）对秘书人员的建议

1.职业规划

(1) 秘书职业的认知方面。

首先，中小企业秘书人员的薪酬水平相对偏低，但岗位稳定，在企业中必不可少，作用比较重要。其次，私有企业秘书人员的工作较为艰辛，想要从事相关工作的人要有一定的心理准备。

秘书工作由于其繁琐、机械性，不少人认为缺乏专业性，因而找不到自我提升和发展的路径。而且传统上，认为秘书

秘书的重要性毋庸置疑，秘书岗位对工作的要求较为严格。秘书工作者的素质需要向更高的层次提升，这是催生并促进高级秘书专业发展的重要因素。

工作的可替代性比较强，容易令秘书人员产生危机感，所以要明确秘书工作既具有综合性，又具有专业性应在工作中注意积累专业知识，练就专业技能。同时，秘书人员尤其需要做好职业发展规划。

(2) 心态与素质的提高方面。

在职业生涯中，要学会不断调整自己的心态。秘书应充分调动自己的工作热情和积极性，不断总结经验，多学、多看、多参与、多反省。

(3) 职业生涯的发展方向方面。

例如资深秘书人员可以根据自身优势，往管理岗位发展，或往其他岗位转型，如业务协调能力强可往业务高管方向发展。秘书职场是个磨炼综合能力的大熔炉，有利于秘书人员的多样化转型的发展。

2.提升业务能力

联络沟通能力、文字驾驭能力、处置突发事件的灵活性、强势的执行力等能力是对秘书工作的根本性要求，从事秘书工作的人员可以考虑从这四个方面加强训练，提高业务素质与水平。

3.注重健康

工作压力越大，越需要增强身体锻炼和心理调节。身体状况每况愈下，成为手无缚鸡之力的“行尸走肉”，工作绩效也成无稽之谈。保证睡眠时间，养成健康的饮食习惯，加强体育锻炼，才能从本质上改善身体状况。在工作和生活之间取得平衡，从而使二者形成相互促进、互惠互利的良性循环，以维持身心健康。

4.改善释放压力方式

大部分人采取的减压方式都不够科学，压力普遍较大的秘书人员应该多向心理专家和专业机构寻求帮助，改变“有病才去医院”的错误观念。专业的咨询和治疗可以有效避免误入歧途和难以自拔的烦扰，更能健康、直接地解决心理问题。

本次报告可为用人单位及秘书从业者提供一个参考依据，无论是对秘书工作生存状况的认知，还是对用人单位及秘书职业发展的建言。

(二) 给单位的建议

1.完善管理制度

(1) 薪酬制度。

此次调查中，“薪酬比较低”是受访者最不满意的方面之一。可无论哪家单位，都想用最少的投入得到最多的回报。其实，最合理的是在机构利益与员工利益的最大化之间寻求平衡点。面对职工的抱怨，除了酌情调整薪金外，必须出台合理的薪酬制度，并提供明确的衡量员工自身价值的标准，从而稳定军心，维持企业的正常秩序。

（2）职称制度。

用人单位应采取适当的激励手段，使办公人员意识到提升职称的重要性，从而调动工作积极性，谋求更加健康向上的发展。建立科学系统的晋升通道，才能发挥激励制度的核心价值，做到人尽其才、才尽其用。

（3）进修制度。

对再教育情况的调查，显示部分单位不重视员工的知识能力方面的培养，秘书人员提升学历要靠全部自费的方式，这给绝大部分职工特别是低收入者带来困难，在深圳、广州等地区并且月薪 4 000 以下的职工，去掉日常开销之后，很难省出资金提升自己。这就需要用人单位提供部分支持，帮助他们创造进修的机会。

2. 增加岗位培训

受速食文化的影响，很多单位不考虑职场新手的困境，也不重视岗位培训。有经验显示，从一个相对吝啬的单位招来的所谓拥有五年相关工作经验的“专业人士”，其可塑性和发展前景，甚至不如一位不断自学的新手。员工学习不到先进的知识和管理方法，最终将不利于单位的发展。单位忽视培训活动，员工素质相对下降，会导致单位的竞争力不断减弱。

培训是一种战略投资，换来的是工作效率的提高。加强职工的学习能力建设是机构发展的重要手段。用人单位需要尽量加大培训力度，无论招贤纳士的手段如何了得，都要铭记没有最好，只有更好，竞争总是存在的。因地制宜地为职工提升专业技能，为职工负责，也为单位更好的发展而奠基。用人单位需制订培训计划，并将培训工作纳入各部门的绩效考核范围。

3.改善职工精神面貌

大部分秘书人员的工作压力比较大，需要劳逸结合。建议各用人单位，每天组织并落实工间操，每周举办1～2 次集体体育活动等，持之以恒，才能改善职工的精神风貌，树立单位的阳光形象。

（三）对学科建设的建议

推进秘书学科建设，优化秘书职业发展。改变以往仅设中专、大专的低学位局面，形成秘书学的本科、硕士、博士连贯的教育体系，培养高层次、智囊型、参谋型的高级秘书管理人才，以满足社会需求，为秘书的职业化提供服务。本调查报告揭示的秘书行业所存在的问题，可为该专业的人才秘书学科及行业的建设，仍需进一步深入的科学的实践活动与理论的探索。

培养目标、课程设置提供参考。

（四）对行业建设的建议

秘书作为众多职业之一，应逐步走向科学、系统的职业化管理。目前，秘书这一角色的意义仍没得到充分的认识。无论是秘书学的学科建设，还是秘书岗位的设置，仍然存在混淆与重叠。就业形式（在编公务员、事业编制、企业编制、编外试用等）不应与秘书的级别挂钩，应作为两个截然不同的体系各自独立存在。秘书的等级考试不应仅局限于对书本知识诵读识记的考察，更应该注重实践经验、思维能力的考核，使得该考试具有权威性、适用性、实践性。

（五）对问卷设计的检讨

经过本次问卷调研，我们对秘书人员的生存状况有了更为客观且相对全面的认识和思考。但在调研过程中发现的一些不足和启示，在此稍作总结，以供日后借鉴与完善。

⑴ 问卷设计缺少必要的概念注释和界定，容易引人误解。部分题目因为界定不清，受访者在回答过程中容易误填。如在编人员该如何界定；专职秘书、行政助理、文员、勤杂人员等岗位的区分标准是什么；办公室人员和办公室文员的概念是否统一等，这些都需要再度斟酌完善。

⑵ 调查问卷所涵盖的内容不够全面，收集到的结果存在模糊性。例如关于秘书人员的福利待遇问题，仅从月平均收入、解决住房情况和是否出资进修三个层面了解，而是否拥有私家车，是否享受公费旅游，有无加班补贴、过节费用等许多层面的福利情况，并未涉及。

八、结束语

此次调查收集并分析了广东地区秘书行业的基本信息，呈现了党政机关、事业单位、国有企业和私有企业等机构秘书人员的工作和生存状况。笔者希望本调查报告能为秘书行业建设、秘书学科建设、用人单位制度建设、秘书人员职业规划提供调研数据，并起到积极的推动作用。

后 记

当我们翻到这一页的时候，《高级秘书与行政助理》（第二辑）已经与读者们见面了。作为全国首家秘书学硕士专业方向的又一本理论成果，她是崭新的；作为研究生学员们努力探索的学术结晶，她是严肃的；作为初入学界的第二期“暨南高秘”发出的声音，她又是生动的。

与第一辑相比，第二辑的“主打歌”是紧紧围绕“书、办、谋、管、同、中、时、效”八字，展开了对秘书工作的论述。这八个字，是本专业方向导师组组长严华教授对秘书工作的高度总结和概括。在这八篇文章中，每位作者尝试从一个字的视角，去看清复杂多变的秘书工作——从基本的字形字义入手，力求穷尽所述之字在秘书工作中发生的意义、道理和方法，进而全面探讨秘书职能与职艺，深入总结其中规律。此外，本辑所录文章有的放眼珠三角，有的放眼秘书学体系已成熟的韩国，有的放眼整个世界，不唯教科书，不唯经验，从不断发展的现实中去认识发展中的秘书学，体现出广阔的国际视野。有的文章则扎实调研，从数据中得出结论。如《广东秘书人员工作与生存状况调查报告》一文，经过历时15个月、发放1 700份问卷的调查，在数据统计的基础上，对广东地区秘书人员工作与生存状况作出了较为全面的分析。还有的文章是对先前秘书学研究较少触碰的领域如秘书的权力和影响力等等，进行了较为充分的理论摸索。或是在新形势下对秘书工作中的“老”课题作出思考，如公车改革、保“秘”工作、机关事务管理等方面，都在搜集大量资料的基础上，提出了自己的见解。

2010年秋季入学后的第一学期，“高秘二期”的学员们便在导师的指导下，以硕士研究生的水平要求自己，努力迈开了钻研探索的步伐。从确定题目开始，构思提纲、查找资料、课堂讨论、确定结构，接着便在博客上推出初稿、二稿、三稿……一步步地修改，一次次地完善，最终形成了现在的文章。与一期学员不同，二期学员中既有重回校园的在职工作者，也有尚未走出社会的应届毕业生。正因为如此，有的文章偏重实践而学术味道略淡，有的文章偏于理论而实操性稍逊。囿于学术水平和工作经验，文中会有许多不完善之处，也可能会出现探索新的领域而产生不成熟的观点，敬请海内外秘书学家和秘书战线的领导、专家、同行们不吝赐教。另外，本书有少量文字和图片资料来自网络，未能让全部著作权人都知情，特此诚请有关作者与暨南大学出版人文编辑室直接联系并告知邮寄地址，以方便寄出书稿并酬谢。

这本书是一期和二期学员共同努力的成果。为了确保出版质量，编委会首次采取了“一带一”的形式，由一期编委指导二期编委开展各项编辑工作。而事实上，无论是先期的推荐文章、互改文章，还是中期的插图收集、定稿校对，以至最后的印刷、费用安排等，这些工作的顺利进行都有赖于一期编委们探索总结出来的宝贵经验。没有他们的指点和帮助，本书的出版难免会走一些弯路，多费些波折。为此，对一期的师兄师姐们表示诚挚的敬意！

在本书出版之际，衷心感谢言传身教、可敬可亲的各位校外、校内导师：广东省委副秘书长杨桐教授、广东省委副秘书长陈志英教授、广东省政协副秘书长黄庆勇教授、广东省委办公厅副主任黄卓教授、广东省人大办公厅副主任张兴劲教授、广东省政府办公厅副主任钟旋辉教授、广东省委办公厅机关党委副书记韦龙教授、广州市委办公厅副主任孙湘教授及暨南大学中文系严华教授、伍巍教授、邵宜教授、甘于恩教授、佟瑞副教授、莫嘉丽副教授、马莎副教授、胡伟副教授、赵春利副教授。感谢导师们的谆谆教诲，如明灯在前，指引着“暨南高秘”在学术殿堂探索的方向。感谢导师们的辛勤付出，在这样一条开创性的道路上，“暨南高秘”从无到有，一路走来，不断体验着“现状”与“创新”的思考，始终闪烁着“开拓”与“尝试”的火花，这背后凝聚了导师组的心血与努力，必然将成为每一位参与其中的“暨南高秘”人生路上一笔宝贵财富。

感谢暨南大学文学院、中文系领导对“暨南高秘”的关怀和支持。感谢暨南大学出版社人文编辑室杜小陆主任以及为本书出版做了许多工作的廖原、罗俊萍同学。感谢印刷单位给予的大力支持。

愿《高级秘书与行政助理》继续见证“暨南高秘”前行的脚步！

本书编委会

2012年10月18日